歴史文化ライブラリー

145

記憶すること・記録すること

聞き書き論ノート

香月洋一郎

吉川弘文館

目次

世代の体験

はじめに

ある社会からある世代のみが、天寿をまっとうすることなく、ごっそりと抜け落ちる時、その社会に通常では見られないような狂いや歪みが生じないのであろうか。

（中沢けい『人生の細部』）

沈黙という語り

わかってたまるか

戦争体験者の語り口が変わっていったのはいつ頃からのことになるのだろうか。私にとっては、ある時ふと以前との違いに気づいた、といった感じをもったことだったため、特定する形で時期を指摘しにくいのだが、少なくとも日本が高度成長期と言われる時代を迎えてからしばらくのちのことになろう。ふり返って多少ラフにだが規定をすると、昭和五十年代前半頃からのことではないだろうか。

その変化とは、まずなによりも語り口のなかからある種の素朴さや生硬さが消え、「歴史」を語ろうとする枯れた口調のものになっていったと表現できるように思う。また、己の体験を、まず当時の体験として語ろうと試みていた人達が、その立場からなにかふっとずれる形で戦後の日本社会の動きから逆に体験の意味を位置づけし、語り始めた動きともつながりをもっていよう。それは自己の中に深く根づいていたこだわりへの向きあいかたが変わったことを意味している。

そうしてこれもまた気づくと、第二次世界大戦が終わって生まれた人間がとうに五十歳を越え、七十代半ばまでの世代は――よほどの特例を除いて――実戦経験をもたぬ時代になっていた。

ここで戦争体験者、とひとくくりに表現してしまうのは妥当でないかもしれない。本書では戦争体験という言葉を主に戦場体験にという意味で使っているし、今私の念頭にあるのは、たとえば私の幼少の頃、友達の父親として、あるいはまた近所のおじさんとして身近にごくありふれて暮らしていた、いわゆる復員兵の人達になるからである。復員兵と呼ばれる人達の数はほぼ三五〇万人といわれており、その人達をひと色にとらえることも妥当ではないのだが、ここではあくまで私の幼少時の記憶にあるそうした人々、ということにして文をすすめたい。

その人達は、日常の場で戦争についての話題に及ぶと、決して踏みこんだ話はせず、せいぜいデフォルメされた苦労話や乾いた冗談として語り、それゆえに「体験しない者にわかってたまるか」といった姿勢を言葉の端々や表情にかいまみせていた。まれにではあるが、ほんの瞬時それがむきだしになることもあったように思う。問わず語りにその体験を話すこともあったが、そんな時でもその話は決してながくはつづかず唐突に終わった。「今の自分の人生は付録みたいなものだから」とどこか醒《さ》めた風につぶやきつつ、戦後の社会の動きにもなじめなさそうな警句をはいていた人達になる。

「こんな馬鹿な戦争があるか」、戦場でこの人達はいく度となくそう叫び、つぶやき、吐きすて、ついにはそうすることすら止めていく、そんな体験を一様に、しかしさまざまな形で持っていたであろうし、その空洞をうめるものは戦後の社会においても希薄だったはずである。

戦争体験のない私がどう表現しても、踏みこみもできぬ心象風景がそこにあったように思う。今こうした文を書きならべていても、どこからかその人達の声が響いてきそうな気さえする。「いったいお前になにがわかる」と。

たしかに私にはどこまでのことが見えているのだろうか。

存在としての沈黙

たとえば、その人たちは「偶然」――今自分が生かされているという「偶然」――という言葉で表現されるものの根源的な意味を求めてただ寡黙になっていたように思う。

誠実に戦務についていた友人が、その誠実さゆえに命をおとし、三〇センチほど隣にいた友人が、まさにその場にいたゆえに頭を撃ち抜かれ、そのわずか横にいたにすぎない自分はこうして生きている。なぜ生かされているのが自分であり彼ではないのか。あるいはまた、傷を負っている戦友や病に倒れている戦友を、己の命を全うするために放置し逃げてきた自分が今ここにいる。そうである以上、自分の現在をどう受けとめ解釈したらいいのか。

これらのことは換言すれば、戦争という不条理への懐疑や、軍隊制度そのものへの批判、といった表現の中に納め得るのかもしれないのだが、そう言いかえた途端になにか大切なものが抜け落ちてしまうような気がする。体験の概念化や一般化などを許さない自己の体験に根差したこだわりこそがその本質だったように思うからである。そのことを突き放して表現するとすれば、あるいは大岡昇平の『俘虜記《ふりよき》』の中の次の一節につながるのかもしれない。

「決定的なことは誰もいえないのである。と同時に事実がその通りでなかったという根拠も一つもない。人間に関する限り戦場には行為と事実があるだけである。あとは作戦とか物語とかである」。

「天皇制ファシズム」という表現発想での戦争批判に対して反発や冷やかな対応を示していたのもこの人達であり、日教組（日本教職員組合）や「共産党《アカ》」に対して生理的といっていいほどの反発姿勢を垣間見せる人達でもあった。人間が溜めこんだ財産や得た名誉などいつ吹っとんでなくなってしまうかわかったもんじゃない、とでもいうような虚無感もどこかにあわせもっていた。けれども、かつて自分が置かれていた位置や時間を、時代の中で確認しておきたいという生まじめさも深いところでかかえていたように思う。

自己の戦争体験を、戦後の社会のなかで生きていくために、さらにつけ加えれば自分に代わって死んでいった同胞達の鎮魂のために、自分の中でどう咀嚼《そしゃく》し納めていけばいいのか、生きるためにその問いをくり返さざるを得ず、かといってそれに向きあおうとすればするほどそれをもてあまさざるを得ず、語れることよりも語れない世界、語りようのない世界の中で根深い問題をかかえていた。その人達にとって、かつての体験は依然として「現在」であった。少なくともその人達の心意は——当時少年だった私が感じたことを今の私が表現すれば——そう見えた。

彼らがその存在の中に一様にかかえこんでいるらしいなにかのかたまりは、子供の私にとって立ちいることができず推測もできなかっただけに、妙に気になるものだった。もちろん意図したわけではないが、結果として彼らはそんな形であの頃の私の世代に何かを伝えたのかもしれないとも思う。

頑なさと乾き

幼なじみの父

私が子供の頃に「ロボット三等兵」という漫画があった。作画者は、まえたにこれみつ（前谷惟光）という人で『少年クラブ』という男の子むけの月刊誌に連載されていた。トッピ博士という科学者が作ったロボットが、三等兵という呼称のとおり、員数外の一兵卒として軍隊に入り、行動するごとに失敗し、そのドジ加減の中に戦争の馬鹿馬鹿しさも露呈されていく、いってみればそんなギャグ漫画だった。

子供むけのギャグ漫画でありながら、その笑いは乾《かわ》いていた。その乾きとは、戦争にふりまわされながらも、どこかその戦争をつきはなして向きあっている者の距離だった。

図１　「ロボット三等兵」（まえたにこれみつ）より
これは平成７年にアース出版局より第１巻として復刻されたものから．

——これも子供の頃の私が感じたものを今の私が表現すればこうなるのだろう。当時の私はただこの漫画の中になにか気になるトーンを感じていただけだった。そう、これはMのおじちゃんが時々戦争について話す時の雰囲気に似ている。けどそれって何だろう——その頃の私は、「戦争体験」と呼ばれるものを、漠然とだがそんなふうに感じ、そんなふうに気になっていたにすぎない。

Mというのは、その頃家の近くにいた同い年の友人であり、彼の父親はもと陸軍の伍長だったか軍曹だったかで、インパール作戦に従軍した経歴をもっていた。

インパール作戦とは昭和十九年からインド、ビルマ国境で行なわれた作戦で、参加した将兵約一〇万人、そのうち三万人が戦死、二万人が戦病死で倒れたとされているが、死者の大半は病気と餓死によるものと言われている。戦記ものにしばしば「地獄絵図の様相を呈した」と表現される作戦である。

Mの家の裏で、小学生の私にこっそりと空気銃を撃たせてくれたのはその父親であり、生ごみをためる穴に落ちたイタチを大さわぎしてつかまえ、Mと私にその処分を命じた時の彼は、大人というより大きなガキ大将のようだったが、普段はのどかな人だった。日曜になると近くの池に釣竿をかついで行き、釣果など気にせず終日のんびりと水面を眺めていた。

その彼の話題がたまたま戦争のことになった時にみせる態度や話しぶりは、「ロボット三等兵」の中にある乾きに通じるものがあった。その頃の私は、いく度もこれって何だろうと思いつつ、消化できないままに放っておくしかなかった。笑いが単に笑いではなく、何かをのりこえた、あるいはのりこえようとする笑いであり、それゆえに、何かに距離をとろうとする醒《さ》めた笑い――これももちろん今の私がふりかえって形容した表現になるのだが――だった。

世代の印象　ここで私の父親について少しふれておきたい。私が子供の頃、母が父の戦争の体験について何か尋ねようとすると、ひとことふたこと話したあとで、軽い口調で「話してもわからんよ」、そうかえすのが常だった。

そんな彼が、たしか私が小学校五年生の頃、会社から帰ると夕食と風呂をすませて、深夜まで机に向かって何かを書いていたことがある。私自身はぼんやりと机に向かっている父の後姿を覚えている程度の記憶しかないのだが、そんな時期がひと月ほどつづいたらしい。

あとでわかったのだが、父はその時、ある月刊の総合雑誌が募集していた「私にもこんなことがあった!」という課題の体験記に応募しようとしていた。私が目にしたのはそれをまとめていた彼の姿であり、書いていたのは自分の戦争体験の記録だった。私がそのことを知ったのはその手記が入選し、それを母親から聞かされたからなのだが、「入選しようがしまいがとにかく書きのこすということをしておきたかった」とのちに話した父親の言葉が印象に残っている。

この記録は彼の実名でなく、子供の私にとってはなんとなくなじめないペンネームでその月刊誌に掲載された。今それを読んでみると、彼は他者に伝えるためではなく、自己への確認や納得を求めて、また自分の身がわりに死んでいった人達のために——これも結局は自分の今のためにということになるのだろうが——書こうとしたことが行間から強く伝わってくる。実名にしなかったのは死者とその遺族への配慮があったはずである。

親の世代の人たちは何かわけのわからないこだわりを一様に心の中にかかえこんでいる。子供の頃の私はそう感じ、しかしそのことはそこから先は放っておくしかなかった。

そうしてそれが親の世代、特に父親達についての私の共通した印象だった。

彼らはどこへ行ったのか

体験との距離

そうしてある日ふと気づくと、その世代の人達は充分に年老い、もてあましていた問いに距離をおいて眺め、インタビューや手記を通して枯れた語りのなかでそれ――処刑や殺人や強姦についてまで――を表現しようとしていた。枯れた形であれ語るという行為そのものが、私にとってひとつの驚きだった。

まるで潮が引いていったようだった。そこには枯れた体験談が残っていた。自らでコントロールできないほどの衝動を矯《た》めることなく、どのように言葉を形づくってくれるのだろうか、漠然とではあるが、いつからか私はそれを期待していたようにも思う。彼らの語り口を変えたのが時の流れであるなら、語るとは半ば以上その語られる時代を語ることになる。往時を語っているのではなく。

かつてその人達は自己確認を切実に求めていた。今、自分がここに生きているということの根拠を模索していた。己の内面と外の動きとをどう考えれば一致することになるのか、深いところであがいていたように思う。かつて自己の内部をもてあまし、かといって外の世界にもなじまず、沈黙によってそのことを示していた人達は、その二者の調和点を見つけ自分の人生の位置づけを納得したというのだろうか。

私が幼少の頃、その人達はまだ充分に若く、これから生きていかねばならない時間が眼の前に広がっており、人生をふり返って語るほどの年を重ねていたわけではない。その語りの落差はこうした年齢的な条件に収斂《しゅうれん》させて解釈することは可能だろうし、そうした見方がまったくの見当はずれであるとは思わない。人は多く、おそらく自分の人生の身の丈が見えるようになったと感じた時に、彼の人生を「過去」として位置づけ始めるのだろうから。

実は私がこの書で述べようとしているのは、戦争体験そのものについてではない。それを行なうようにしては、今の私はあまりにも目配りにかたよりがある。たとえば『「戦記もの」をよむ　戦争体験と戦後日本社会』の著者、高橋三郎氏のような洗練された足場はとてももてそうにない。そうではなく人が己の体験を他者に語るという行為について、いくつかのことを考えてみたいのだが、この問題について考えようとする時、私の頭にまず浮かんでくるのは、この戦争体験者の語り口とその変り方の落差への疑問であり関心になる。

その語り口から頑《かたく》なさが消え枯れたものになっていく、その落差を目にしたとき、ふと、これでやっと彼らの体験が考察されうる対象になったのだろうか、そう感じたことがあったからである。戦争体験とはいえ「世代の体験」が残されていくとはそうしたものなんだろうか、と。

記憶はそれ自体、あくまでその人の内にその人だけのものとして在る。時の流れはそれを風化させ、おそらくなにか別の枠組みを与える。記憶は枠組みとして客体化され、伝え易いものになる。記録化とはそうしたものなのか、と。

（なお終戦後の一時期まで、戦犯追及への恐れのために寡黙で通した人たちもいたはずだが、この書でふれているのはそれとは別次元のことになる。）

少年達の中の戦争

ある時ふと気づくと、という表現をこれまでたびたびつかった。戦争体験にかかわる諸々の動きは、私にとってそう表現するのが最も自然になる。漠然と気になってはいたが、だからといって特にそのことにこだわりをもって追いかけてきたわけではない。そのため逆に折にふれてかつてはこうだったな、と思い返すことが多くなる。

あのときのぼくは、第二次世界大戦について何を知っていただろう。「紫電改《しでんかい》のタカ」から「加藤隼《はやぶさ》戦闘隊」まで、六〇年代の少年雑誌には戦記漫画がギッシリと並んでいて、ぼくは一生懸命にそれを愛読していた。全六巻の『太平洋戦史』という単行本も読んでいた。つまり端的にいって、いかに日本兵が勇敢に戦って玉砕していったかという物語に、ちょうど現在の子供たちがアニメに熱中するのと同じように、熱中していたといえる。（『狼が来るぞ！』四方田犬彦）

という文章にふれると、ここでも改めてそうだったなと記憶がよみがえってくる。この文章の筆者は私より四歳若いのだが、『太平洋戦史』の六冊はかつての私の本棚にも並んでいた。当時の主要国の軍用機であれば、その尾翼のシルエットをみただけですぐに一〇〇種近い機種を言いあてることができるオタクの少年の私がそこにいた。

そろそろ戦後も二十年もたつというのに、あれはどういう現象だったのだろう。昭和三十年代の後半、佐賀県の小学校に通う私達の間では、「ゼロ戦」や「隼《はやぶさ》」といった第二次大戦中の日本の戦闘機の活躍を描いた戦記物や漫画が、ちょっとしたブームだった。

「ゼロ戦黒雲隊」というテレビドラマに男の子は夢中。クラスには、日米の戦闘機の性能比較にうんちくを傾ける「戦争おたく」の少年もいた。

これは二〇〇〇年十月三日の『朝日新聞』の「窓」という欄の一節になる。文中にある昭和三十年代後半には、私のそうした「戦争もの」への熱は、すでにさめていた。「ゼロ戦黒雲隊」などは半ば白けた目で特撮のチャチさを馬鹿にしながら見ていた記憶がある。おそらくこれを書いた論説委員（「量」というペンネーム）は私より少し若い方なのだろう。

少し前から、ここで引用したような文章が次々と目にとまるようになった。あいかわらずどこかで、あのこと、あの人達のことは気になっているのだろう。

戦争映画というフォークロア

軍歌とともに

ある日ふと気づくと、という前置きでもう少し文をつづけたい。たとえば戦後数多く封切られた日本の戦争映画――特に「海軍もの」とでも呼べるジャンルの映画――から「軍歌」が姿を消すのはいつ頃からのことになるのだろう。かつてそうした映画では、たとえば連合艦隊の出撃の時、また戦闘機が編隊を組んで攻撃に向かうような時、そのBGMには「軍艦マーチ」が響き、死者への鎮魂のシーンでは「海ゆかば」が流れていた。また映画の中で頻繁に軍歌がうたわれていた。それはある時は「同期の桜」であり、ある時は「若鷲の歌」だった。それは映画のつくり手と受け手との間にある共有する想いを前提としたものだったように思う。敗れはしたが、あの画面に写っているのは、たしかに自分達のいた軍隊だった、という。

ある時からそれが崩れた。具体的にみれば昭和五十六年封切りの『連合艦隊』（東宝）あたりがその境になるのだろうか。

そうしてその戦争映画に軍人として登場する人間の顔つきやしぐさが変わった。――たとえば平成六年に封切られた『君をわすれない』（日本ヘラルド映画）の冒頭、輸送機の中で海軍大尉の唐沢寿明に話しかける少尉の笑顔は、コンビニのレジで見かける笑顔であろう。私が中学生の頃に見た戦争映画であれば、あのような表情の次には「貴様ァ、シャバっ気がぬけとらんぞ」といった罵声とともに彼が張り倒されるシーンがつづいたはずである。

私が生まれたのは昭和二十四年であり、幼少期は福岡市の郊外ですごした。ものごころついた頃は、朝鮮戦争によるいわゆる特需景気の後であり、社会から戦争の傷跡が少しずつではあるが薄れてきていた頃になる。

けれども大人達は酔えば軍歌をがなっていた。男達だけではなかった。私の母親は家事をしながら、弟をあやしながら、よく「暁に祈る」や「僕は軍人大好きよ」――タイトル不明、この冒頭の句だけおぼえている――といった歌を口ずさんでいた。私が時折買う月刊の戦記ものの雑誌にはしばしば巻末付録として軍歌集がついていた。それが戦争の歌としてより彼らの「青春」の時の歌としてうたわれていたものの残響だとしても、日常的身辺に自然な形で軍歌は存在していた。

少年雑誌には旧日本軍の戦闘機や戦艦が特集され、私が小学校五、六年生の時だったか、私の町にもプラモデルが広まってきた。私が最初に目にしたのは零戦《ゼロ》でありグラマンF6Fだった。

そんななかで身辺の大人達は自己の戦争を語ることはなかった。今ふり返ってみると、それは奇妙な空洞であり、空洞の存在の頑《かたく》なさのみを私は漠然と感じていた。

前に『朝日新聞』の「窓」の欄を引用したが、あの文には次のような一節がつづく。

そんな雰囲気だったから、佐賀出身の旧海軍きっての名パイロット、坂井三郎さんのことも自然と知った。

参加した空戦は二百回以上。撃墜した米軍機は六十四機。

昭和二十八年に刊行されていた彼の手記『坂井三郎空戦記録』の上下二巻（出版協同社）を私は小学校六年生の時、父の本棚から抜き出し読んでいた。

いや、たしかに当時から——さかのぼればすでに昭和二十二、三年頃から——「戦記もの」と呼ばれる雑誌や単行本は刊行されており、そこにはさまざまな手記が掲載されていた。それらは敗戦からまだ一〇年余を経た時代のものであり、描かれるのは、米軍の圧倒的な物量であり、戦いに倒れた友軍の誠実さや健気《けなげ》さであり、戦場の悲惨さであり、一面では生々しさや誠実な姿勢があらわれていたが、前述した寡黙な世界の外側を、そうした要素で包みこみ、それゆえ一面では類型――語り得ない沈黙については語り得ないことを自明の理としてまとめたゆえの類型――的な傾向をもっていたように思えた。さらにこれらの手記の多くは、どこかに戦後社会の風潮に対して異議をとなえる感触を潜ませてもいた。

私自身がその沈黙の意味について多少なりとも知り得たのは、のちに吉田満氏や尾川正二氏や石原吉郎氏の記録を目にした時のことになる。この三氏の記録は多くの「戦記もの」とは一線を画していた。前にふれたように、いわゆる「戦記もの」はおそらく昭和五十年頃を境として、「あの頃の自分」を語ろうとせずに「あの頃の自分をふりかえる今の自分」を述べ始めたように思うのだが、前の三氏の記録――その体験や視座は大きく異なるものの――はそれらを越える透徹したまなざしで書かれていた。

さきほどふれた、いわゆる「海軍もの」の戦争映画の中で、くり返しつくりつづけられてきたあるシーンがある。このシーンは単にできごとの描写というよりも、ひとつのクライマックスでもあり、戦争体験者の想いがそこに収《しゅう》斂《れん》していく「時」でもある。だからいく度もそれが映画の画面において描かれてきた。

共有感覚の崩壊

昭和十七年六月、ミッドウェー海戦の「運命の五分間」と称されている――これもいつ頃から言われるようになったのだろうか――できごとである。航空母艦から発進させる攻撃機に、魚雷をつけるか陸上爆弾をつけるかの決定が二転三転したあげく、その判断のおくれが攻撃を受けると最も不利な状況――空母甲板《かんぱん》に雷装を終え燃料を満たした艦載機《かんさいき》が離陸するために並ぶ――の時に米軍機の攻撃を受ける事態を招き、日本の機動部隊は壊滅的な打撃をうけることになる。この海戦を境にして日本は太平洋における覇権を急速に失っていく。

必死になって爆弾から魚雷にとりかえる整備兵。「あと五分、あと五分で発艦できます」と怒鳴る航空参謀。「準備でき次第発艦せよ」と声が響く艦橋。「雲の切れ目、敵機」と叫ぶ見張りの兵。爆弾を受け黒煙をあげる空母。

こうしたシーンをクライマックスとする映画は、私が知っているだけでも昭和二十八年、三十一年、三十五年、四十一年、四十三年、五十六年とつくられつづけてきた。そのたびに観客の多くは、半ば痛ましい思いをもちつつも、破滅の瞬間へのカウントダウンのシーンをはらはらしながら見ていたはずである。

ミッドウェーで負けなかったにしても、日本がアメリカに勝ったとはとうてい思えない。しかし、もしあの海戦で勝っていたら、少なくとも優秀な指揮官や搭乗員達を失いさえしなかったら、主力航空母艦を失いさえしなかったら、その後の戦局はもう少し別の選択肢をとり得たのではなかったか。ヒロシマ、ナガサキ、またカミカゼにつながる悲惨は、あるいは避け得たのではなかったか。

そうした想いを、映画をつくる方も見る方も共有していた状況がそこにあったのだと思う。さらに言えば、偶然の複雑な交錯が招いた主力艦隊の潰滅シーンに、どこか自分の経験した戦場での偶然を参入させて確認していたのかもしれない。「戦争とはたしかにあんなものだった」と。

そういう共通基盤が存在する限り、あのシーンはいく度となく映画で描かれた。それは破滅への痛ましい確認であり、仮定法的な過去としての希望であり、死んでいった人達への哀悼でもあった。昭和五十一年に封切られたアメリカ映画『ミッドウェー』（ユニヴァーサル映画）においても、日本映画から借りたこのシーンが登場する。しかし「戦争とは作戦と勇気、失策と偶然とがからみあって勝敗が決まるものであり、太平洋戦争の転機となったこの海戦もその一例である」、冒頭にそんな字幕があらわれ、日米双方の「失策と偶然」が描かれていく。あのシーンを痛切な確認と哀悼につくりあげていったのは、私が子供の頃に親だった「あの人達」なのだろう。このことは歴史的事実というよりフォークロアの文脈で考えていいように思う。

そうして、いつのまにかそのシーン自体も映画から消えていった。あのできごとは偶然の積み重なった不運としてよりも、当時の日本社会のシステム的欠陥が招いたものとして語られるようにもなった。熱い思いいれから徐々に解放されたのだろうか。

昭和六十年刊行のミッドウェー海戦のゲーム・ブックには次のように記されている。

問題　きみが南雲《なぐも》長官だったら、どの決定をくだしたか。

1．現在は一刻を争うときだ。甲板に飛行機を並べているときに艦載機《かんさいき》の攻撃をうけたらひとたまりもない。雷装機でも爆装機でもいい、ただちに発艦させるか

2．第一次攻撃隊の帰艦機をまず収容して、貴重な機とパイロットを救い、その間に雷装を完全にして出撃させるか

1を選んだ人は92へ

2を選んだ人は93へ

（なお南雲長官とはこの海戦で空母赤城の艦橋にいた司令官である）

あのシーンはこうしたゲームにもおきかえられた。この本がどの程度売れたのかはしらないのだが、ひとつ言えることは、おそらく昭和四十年代までは、この選択をゲーム世界にのせるにはあまりにも痛ましいと思う人々の意思が社会全体の中に強く存在しており、こうしたゲーム本の登場は困難だったろうということである。

まったくの同時期ではないにしろ、ある時それがすっとゲームに登場した。ある時、戦争体験者の語りが枯れたものになった。これらは通底する形であらわれた現象のように思える。

「体験」が非体験者にとって考察しやすくなり、「歴史」化していくことはこうしたことなのか。だとすれば私が幼い日々に感じた「あの人達」の頑なさは頑なさのままに姿を消していったのだろうか、その時にそんな感じをもったからである。

フォークロアという磁場

本物以上のリアルさ

元号が「平成」と変わる頃から、送られてくる古書店の目録や、旅先でのぞく古書店の書架に、おやっと思うような動きがあらわれた。あきらかに戦争体験者の蔵書を、その死後遺族が放出したと思われるような古書群が目立ち始めたことである。それはあの体験をふり返る時間の質がかわったことを示すだめ押しの標《しるし》のように思えた。

学徒兵で特攻隊要員だった父は、テレビのドキュメンタリー番組で、第二次大戦中の空中戦が写されると、たとえそれが画面のかたすみにピントの定まらぬ機影がうつり、それが煙をはいてすぐに画面から消えていく程度のシーンを見ても、「よくこんなフィルムを写せたもんだな」と一人でつぶやいていた。彼にとって戦場のリアリティとはそれで充分だった。平成十二年の夏に彼は亡くなったが、その一年後に封切られた『パール・ハーバー』（ウォルトディズニー）のCG（コンピューターグラフィクス）を駆使した戦闘場面を見たらなんと言うだろうか。この映画で戦艦オクラホマに魚雷攻撃をかける海軍機の同型機に彼は乗っていた。

CGの技術が発達すると、観客はCGによって騙《だま》されることをも楽しむ。真珠湾攻撃はそのひとつの素材にすぎない。父はそのことに対しての違和感はないだろう。時の流れはそうした懐の深さを生む。けれども「よくできてるな、あそこまでうまくつくれるんやな。けどあそこまでやるとなんかうそくさいよ」、そんなふうに言いそうな気がする。

体の中に戦場のリアリティを潜ませた世代が少なくなっていくとともに、できすぎるほどの臨場感をもつ映像がつくられるようになっていった。これで伝わるのは何だろうか。

ふり返ることと位置づけること

本書は、前の世代の戦争体験そのものについて述べようとしているのではない。私が歩いてきたまちやむらで行なってきた聞き書きという行為について、いくつかの問題点を示そうとしているのだが、それにしては冒頭から思いっきり遠まわりをしているように思う。聞き書きによる記録とは、意識するしないとにかかわらず、きわめて恣意的な性格をもつ資料と思うだけに、まず自分の立っている足もとについて少しふれてみたいと思ったからにすぎない。

幼い頃の私の感覚を今の私が表現すればこうなる、そんな表現をこれまでの文章の中でいく度も使ってきた。こうしたふり返って位置づける構造自体、そのまま人が昔を語る際に依存する枠組みであろう。若い頃のできごとを年を経て語る、その時、そのできごとを若い頃の彼は最初からそんなふうな形で把握していたわけではない。あるいは世間の常識を受けいれ趨勢にあわせる形で、あるいは今の自分を確認しまた納得させるために、そんなふうに彼の今が語っている。

人は、今とこれからを考えるために過去を語り位置づける。人が話すのはどんなに昔のことでも「彼の今」である。そこでは昔と今とは常にいれかわり、巧妙にないまぜになり、その交錯のさまの中に彼のアイデンティティが成立している。

谷にたどりつき、そこを定住の地とした人々は、谷を起点とした伝承をうみだしていく。伝わるものは始源の姿そのものではない。そこにフォークロアが成立する場が醸成される。

聞き書きとは何だろう。資料的な意味においても、それをはなれてひとつの人間の行為としてみても。時折そうフィールドで自問する。その時、前述した親の世代のこともどこか頭のすみにある。今とこれからを考えるにはあまりにも鮮烈な過去をもち、語れぬままにそれが風化していった世代の一人を私は親にもっているからである。

以下の章は聞き書きという作業についての断章となるのだが、この章で述べたことが以下の章と明確にリンクしていなくとも、どこかで共鳴する形ででもつながってくれていればいいのだけれど、とそう思いながらとりあえずの前置きをおわりたい。

時代と社会のなかの聞き書き

対話は相互理解——それが誤解をふくむものであろうとも——の持続のうえに展開される。そこでとりかわされるメッセージは、相互浸透的な理解に触発されたものであるから、ひとつの頭脳が、原稿用紙に対して筆をとる場合とは、異なったニュアンスでの、あるいは、筆をとっての場合には書かれなかったかもしれない発言がなされることになる。（中略）対話の世界が、それ自体独自の世界を形成している。

ということは、対話における発言を文書資料の補完物と考えたり、あるいは、対話における発言を、文書資料などによって確認したり、訂正したりすることは、さしあたって避けなければならないということを意味する。異質の世界を対比するためには、異質のランガージュの間の翻訳のための、それなりの厄介な手続きと配慮とが必要だからである。

（竹内啓一『地理学を学ぶ』）

表現のなかの記憶

沈殿する記憶

友人にパイロットがいる。一〇年ほど前に彼が利用する東京近郊の飛行場で事故が起こった。教官一人生徒三人が乗りこんだ訓練中の小型機が地上に激突し、四名とも重傷を負った。この時、誰が操縦していたのか、誰が助手席に座っていたのかといったことが、さまざまな事後処理——事故の責任追及や保険の手続きなど——に必要なため、各々の快復を待って事情聴取が行なわれた。事故直前の四人の記憶はすべてくい違っていたという。

以下はこの時、友人が事故の担当医から聞いたという話なのだが、人が身近に起こったことを記憶していくシステムは階層的な一面をもっているらしいという。体験が自己の内部に刻まれるには、それが記憶として沈殿していくためにある程度の時間を必要とする。たとえて言えば、その日の午前中の自己の行為は、昼にはまだ沈殿しておらず、その日の夕方になってその人の内に刻みこまれる。午後の行為は、夕方にはまだ沈み切っていない。夕方にその日をふとふり返った時、まず思い出すのは沈殿した午前中の記憶であり、ふり返った夕方に最も近い時間の記憶ではない。

その沈殿していく最中に、いきなり受け皿全体を揺るがすような激しい動きにおそわれれば、記憶のシステムは一挙に混乱してしまう。飛行機が地上に激突した時をふり返って、ある人はハンドルをにぎっていたのはAだと言い、別の人はBだと言い、また他の人は違うことを述べる。

今、むつかしいことになっている、と語ったその友人の言葉は、事故の悲惨な印象とともに頭の中に強く残っている。

記憶という、まだ充分には解明されていないメカニズムの、それも伝聞による話であるため前述の文章がどこまで正確かどうか心もとないのだが、私がこの話を印象深く受けとめたのは、人の一生を通しての記憶の重層も、図式的にはどこかこうしたしくみをなぞるようなことがあるのかもしれない、とその時感じたからである。

たとえばむらを歩き、古老に話をうかがうと、若い時期の記憶ほど明確に話される方が少なくない。これはもとより、心身ともに生物体として若い時代の体験は、なによりも深くその人の内に刻まれているということを抜きにしては考えられないのだろうが、それと並行して、その体験をその後の時の流れのなかで反芻《はんすう》し選び組み立て位置づけを行なっていく期間が充分にあったこと、いや、生きてゆく支えとして、心のどこかで再把握をしつづけてきたこと、それゆえにそのことを第三者に語る時の表現は、自己の内部でその人に応じて醸成されてきたものの言語としての発露であること、そうしたことを示していよう。

生きてゆくために

人は自分に起こったすべてのことをありのままに記憶できるものではない。人びとが群れ集まったムラという共同体の記憶においてもそれは同様である。民俗学は共同体に刻まれたさまざまな記憶を問題とすることからスタートした。記憶され伝えられていくのは己にとってなんらかの意味で切実であり必要とされることのみになろうし、そうした要求に応ずる形で語り継がれていくのであろう。あまりに痛切なことは、自分あるいは自分達にとって都合のよい形に再生して——あるいは結果として再生されて——伝えられる。だから生きつづけていくことができる。時には封じこめたはずの記憶から仕返しを食うことがあるにせよ。

ここでいう「都合のよい」とは、存続していく自分達やそのあとを継いでいく人びとに対しての賢明な配慮の結果を指している。多くの生は強靭な意志のもとにでなく、自分の弱さに向きあい、不安をつみかさねての自己確認の軌跡でもあろう。そのなかで、人は自分に関わるできごとを意味づけながら生きていくのだろうが、できごとが起こりつづける以上、意味づけする足場もまた動きつづける。そしてその軌跡のなかから時代性や社会性といった概念が発見されていく。

と、なにか他人事のように言葉をならべてきたのだけれど、そのような人や人達の軌跡に、同じような弱さや曖昧さを持った人間が向きあっていくことが、フィールド・ワーク、ことに聞き書きと呼ばれる作業のなかにある。

体験を言語によって表現してもらい、それを活字化していくという作業は、疑問を持たぬ限りはごく自然に行ない得ることでもある。近代的な知は固定化を求める。それは時に脅迫に近い勢いをもつ。だからといって固定化し得るもの、し易いもののみが伝えられてきた知の本性ではない。

そうした問いに直面するのもフィールド・ワークの現場においてのことになる。この問いとどうつきあっていくのか、詭弁のようだがそれもまたフィールド・ワークである。こうした曖昧さはおそらく日本の学問のなかで、民俗学がまだ充分な市民権を得ていないひとつの要因なのかもしれないのだが、私の知っている先学の多くは、この問いの存在を大切にし成長させせつづけてきたように思う。

そんな揺らぎの中に感じているものを述べてみたい。

記憶とは何か――多義的な問いの総称として

もとより人は語るために体験を積み重ねていくのではない。その体験を第三者に伝える段階で表現を明確に選択してゆく。そしてそれは同時に己への確認ともなる。選択するということは、それ以外のものは捨象されることであり、そこには「明示」と「隠蔽」とが構造的にあらわれてゆき、物語性が確認されていくということにもなるのだろうが、話の色あいをまだそこまで濃くしたくはない。

物語より淡く、伝承より粗く

けれどもまず、記憶ということについてふれなければならないのだろう。

聞き書きという作業をつづける限りにおいて、記憶とは何かという問いとはずっとつきあっていくことになるのだから。そして、この問いがどう厄介かを多少は伝えることができても、その核心にすぐには近づき得ぬ形で聞き書きをつづけていくしかないのだから。

この場合、記憶という言葉を民俗学の文脈では伝承という語におきかえてもいいのだろうが、ここでは個々の記憶が伝承といわれる概念に収斂《しゅうれん》し秩序化されていく以前の、粗い次元のものから考えてみたい。

忘れかたの類型

とはいえ、ある類型性をもちそれが意図して語りつがれてきた口頭伝承の分野においても、記憶とは得体のしれない形でその存在をあらわしている。

越後を拠点として篤実に昔話の収集をつづけてきた水沢謙一氏はこう書いている。

話のゆたかな、記憶の強い伝承者は、初回から語ってくれる。しかし、話を忘れている語り手の方が、はるかに多い。その忘れ方もさまざまである。

マルワスレといって、まるまる、話を忘れてしまって、一つも覚えていない。病気やら、また、あまりに年をとりすぎたせいで、かつて覚えていた話を、すっかり忘れた。どうして忘れたのか、自分でも、ふしぎがっている。

トコロパッチ、トコロバチラなどといって、話のところどころしか覚えていないで、首尾一貫して語ることができない。記憶が断片的となっている。トトッポウラッポといって、話の始と終、もととうらていどしか知らず、中味は大方忘れてしまって、話がいっこうにまとまらない。かなりはげしい忘却である。トリツケフリツケ、トッツケといって、あの話、この話をつぎ合わせる、つまり二話以上の話が混乱している。記憶の混乱である。トコワスレ、ドワスレといって、いっときの忘却で、そのときはわからないが、あとで思い出すので有望。（中略）

これらと反対に、記憶の鮮明な伝承者がいて、さまざまな話をゆたかに覚えている。こういう人は、シキガツヨイ、イシオボエとかいわれている。

類型性をもった伝承世界だからこそ、記憶のされ方、うすれ方が類型認識されこうした言葉が成立していたのだろう。この文章で示されていること自体、私には大変興味深いのだが、私が述べていこうとしているのはもう少し曖昧な世界でのことになる。

「まず自由に話してもらえ、その人が一番話したいことに耳をかたむけることから始めろ」、私の聞き書きは民俗学者宮本常一のそういう言葉から始まった。そうしてこれまで私のフィールド・ワークの半ばほどは、「民俗調査」の質問要項など頭から除き、特定の分野に限らない形で話を聞いてきたからである。

「叙述」と「説明」

記憶とは何かという問い自体がきわめて多元的な性格をもっているだけに、手続きとして目くばりをしておかなければならないことがいくつもあるように思う。

時代への期待

この稿を書いている平成十三年現在、古老という言葉を、仮に八十歳以上の人達――これとてたとえとしての目安だが――としてみよう。現在八十歳の人達であれば、ものごころついたのは昭和初期のことになろう。私がむらやまちを歩いて調査を始めたのは、今から三〇年ほど前からになるのだが、その当時はしばしば明治二十年代生まれ、時には明治十年代生まれの古老から話を聞くことができた。

明治という時代を生きた古老の多く――私が話をうかがったのは男性が多かったのだが――が話す姿勢の奥底に持っていたのは、国家や科学技術に対しての楽観的といってよいほどの信頼感や期待だった。私が歩くことを始めたのは、公害が大きな社会問題となり、また大学紛争のさかんな時期だっただけに、そうした確信は私には逆に際だって不思議なものとして感じられた。

私はその人達が語る箇々のこと以上に、まずそうした感性を形成した時代性や社会性に興味をおぼえた。人が人にその過去を語るとはどういうことなのか、語られること以上に語られ方が多くのことを伝えてくれているのではないか、それは私がフィールド・ワークの場でそう感じた最初の体験だったように思う。

さてどうするか

宮本常一は次のように書いている。

戦前歩いていたころに六十代の老人の話はどうも信用がおきにくかった。自分の見聞にさらに自分の意見が加わっていた。これは明治の興隆期に青年時代をすごした人たちで、いわゆる文明開化を何らかの意味で体験しているのである。その人たちが今八十歳以上になっている。ただ歳をとっているというだけで伝承者としては比較的古いことの記憶や体験が乏しいようである。

現代の人々が古いものをかなぐり捨てつつあると同じように、そういう時代が過去にもあったのである。

だから民俗学も、もう古老たちの聞き書きを中心に資料採集する時代はなかばすぎさったのではないかと思う。

この宮本の文が書かれてすでに三〇年がたっている。だったら現代行なわれている聞き書きという行為の意味は何なんだ、そうどこかに問い返したくもなるような文章でもある。聞き書きを手段とする民俗学は終焉を迎えている、そうとも受けとれる文章だからである。けれども私は亡くなる直前まで生き生きとフィールド・ワークをつづけていた宮本を知っているだけに、この文章は、さあこれからどうしようか、と模索をどこか楽しんでいる彼の姿が行間にかいまみえる気がする。楽しみは模索の中にこそある。彼はそんな姿勢で舌なめずりするようにその時間を楽しんで生きていたのだから。

あるアドバイス

語り方の中にあらわれる時代性はさまざまな形をとっている。私が聞き取りを始めた頃――これも歩き始めたのとほぼ同じだからもう三〇年ほど前のことになる――いく人かの年輩の研究者の方から、教員の経歴をもっている古老からの聞き取りは細心の注意を払ってその話を受けとるように、とのアドバイスを受けたことがある。

近代教育の現場では、あるできごとをそのできごとのままに示すのではなく、なんらかの位置づけをそこで行なって伝える。近代の教育とは、位置づけこそが価値であるという発想を前提にしている。長い間そうした職場に関わっていると、自分の体験を話す折にもその姿勢が習い性となってぬけにくく、ときには実際にあったことと、それをどう位置づけるか、あるいはどう位置づけたいかということとが渾然《こんぜん》一体となってその人の口から表現されることがある。もとよりその古老には充分の謝意を表さねばならないが、伝承を求めてそれを聞く側は、同時にまた細かな配慮をもってその内容を受けとる必要があろう。

そのアドバイスの内容を私なりに解釈して表現すればそうしたことになる。

話す側にある目的や方向性があり、その通りに受けとってもらうべく話すことを、とりあえずここでは「説明」と表現し、受けとる側一人一人にとってその受けとり方が違っても、それは聞き手が自由にご理解くださいといった姿勢で話すことを、ここでは「叙述」と表現しておくとすれば、前述の教員の経歴をもつ古老の場合――もとよりすべての教員経験者がそうだということではないが――その話は「説明」の度合いがきわめて高いことになる。そうしてこの一世紀は「叙述」的な語りをする古老が急激に少なくなり、「説明」

的な古老が増え、あるいは一人の古老の語りのなかにおいても「叙述」的な面よりも「説明」的な面が急速に強くなっていった時代であろう。

それに最も気づきにくい立場にいるのは、語る古老その人ではないだろうか。

歩くことを誘う語り

私がむらを歩き始めた頃のことを思い返してみると、その当時は二〇人か三〇人の古老にお会いすると、そのうちの一人か二人——くらいだったと思うが——は、「叙述」的な語りの色あいをどこかに漂わせておられる方がいた。もとより私が会った古老の語りも、宮本の述べる文意からすればかなりの変容をみていたはずであるが、それでも叙述的な語りがどのようなものであったかを類推するには充分な語り口で、私に向かってくれた古老がいた。

たとえば昔の祭りの日の楽しさを語ったあとに、ふとその世界から醒《さ》めたような表情をして、「今と違って昔は娯楽が少なかったからね」というような形で話をまとめることはなかった。昔のことをふり返り話したのちに再び今の時代の自分にもどり、今からみたまとめをして滅びたものを残照として位置づけるのではなく、昔の祭りのその時のその場にたちもどり、己の感情や状況描写をそのままそこにごろりと投げだしておしまい、そんな話し方であった。

けれどもその家を辞して玄関から一度外に出ると、そこで飛び上がりたいような衝撃に襲われた。話し手はかつての日々のことがらを飾り気なく示したにすぎないのだが、そこには聞き手の気持ちをさまざまに触発する表現のかたまりが連なっていた。あれは何だったんだろうか、当時も今もそう思っている。もし語りに精《スピリット》というものが存在するのだとすれば、その精はその時確実にその場にいたのだろう。

私にとってそのような古老の最初の方は、愛媛県東宇和郡城川町魚成《うおなし》というところの岡田彦一さんという明治二十三年生まれのおじいさんだった。私が大学三年の時のことになる。この人のことについては別のところで述べているためここでは省くが、岡田家に一晩泊めていただいて半日以上話をうかがい、翌日午後に同家を辞した時の心の弾みは、その後の私にフィールド・ワークをつづけさせている支えのひとつになっている。

精という勢い　語りの精《スピリット》などというわけのわからない概念を持ち出すと、調査方法としての聞き書きの性格を不明瞭にするだけかもしれない。私にはここでその概念を外からなぞる形で多少は表現することができても、それを分析することはできないのだから。それだけに、逆に今はとりあえずそう表現して先にすすむしかないのだが。

古老の語りについて、またその聞き書きについて、宮本常一はさまざまな指摘をしている。たとえば、

長崎県の五島の一番北の端に宇久島という島がありますが、そこで岩本五郎というおじいさんから話を聞いたことがあるんですが、あすこに紋九郎鯨というクジラが通りあわせて、それが子持ちクジラだった。その前日夢枕に立って、そして、自分はこれから五島の西南の大宝寺というお寺へ参って来るんだけれど、参る途中で獲るのはやめてくれといったというんですね。それを、そのクジラを獲りにかかりまして、非常に大きな時化《しけ》をくらってたくさんの人が死ぬるんです。ここまでは事実なんですね、今その墓がのこっています。ところが、これがあそこでは一つの語りになっておるわけなんですが、その話がじつにすばらしいんで、聞いた時にこちらが胸がドキドキするくらいみごとな情景を話してくれたんです。それで、これはすばらしいというので今の話をもういっぺんやってくれってテープ出しちゃったんですよ。もうダメなんです（笑）。筋書しか話さなくなっちゃった。

宮本の前から精《スピリット》が逃げたのだろう。

「調査にとって一番大切なのは勢いなんだ」、そう彼に言われたことがある。話す人の口

をついていきいきとした表現が次々に展開していくことがある。今までみなれていた風景が意味をもって立ちあがり迫ってくることがある。その勢いをきちんと受けとめることだ。そんなふうに話していた。伝承の力と、それを追っている自分の存在をまず信じて肯定してみることだ、私にはそんなふうにも聞こえた。

共通する基盤の上で

「物語」を求めて

「説明」という表現についてもう少し補足をしたい。私自身が「おやじの郷里話《ふるさとばなし》」と勝手に名づけている語り口がある。

おやじとは、最初の章で少しふれた私の父親のことである。父の語る郷里の話はその細部にまで描写がこまかいのだが、総体としてのある大きな枠組みをまず設定し、そのなかでむらの生活を位置づけて話している。その枠組みの存在は「叙述」とは正反対の性格をもっている。

ある古老の話を聞き、ある古老の手記を読みといったことのなかで、この話の色あいはいつかどこかで接したな、と思ったときに私の頭に甦《よみがえ》ってくるのは郷里について話す父親の語り口である。ああ、これはあれと同じ色あい、「説明」だったと。

私の父は大正十一年に北九州の農村で生まれ、同地の旧制中学を卒業後、旧制高校時代を福岡市で大学時代を東京で過ごし、福岡にもどって就職した。郷里よりもその外で暮らした時間がはるかにながく、大学卒業後は会社員として五〇年をすごしている。その父の話と、ひとつのむらにずっと暮らしてきた古老の語り方が、申しあわせたように同じ色あいになってきている。

私は、日本の常民社会の日常生活のレベルに近代化が浸透していったのは明治二十年頃からではないかと思っているが、たとえば現在八十代の人達であれば、存在としてはその時期からほぼ一〇〇年のちの伝承者ということになる。この一世紀は近代教育の感覚が常民社会に、より徹底して滲《し》みこみ醸成されていった時間であろうし、古老の発想表現から「叙述」をしめだしていくには充分の時間だったようである。

話す人の語りを、その内容のみでなく思い返し方や語り方を含めて受けとめることから聞き取り作業は始まる。そういう前提をもつ限り、「説明」的な古老の聞き書きが、そのことだけでそれ以前の時代の古老の話に比べて、いわゆる民俗色は薄いにしても、民俗的な資料性が薄いということにはならないかもしれない。むしろ古老の「説明」的な時代のふり返り方や表現の姿勢は、ある意味で私――私が受けてきた教育的訓練――と同じ地平上に立っていると言ってもよい。時には聞き書きの場で驚くほど話が嚙みあい、展開していくこともある。「あんたが聞きたかったのはこういうことじゃろう。それはこうじゃ」と古老の表現が発想のレベルからひとりでにそう語り私に呼応してくれている。今日の聞き取りは話が弾み妙におもしろかった、そう思い返してみると、その大きな要因は私と古老が同じ感覚の地平に立っていることに帰すことも少なくない。そのかわり古老の語り口によって私の立脚点自体が揺さぶられ、問い直されることも少なくなる。

さらに言えば、この「叙述」性は物語性につながっていく性格をもつと思うのだが、古老の表現が加速的により説明的になっていく動きと反比例するかのように、民俗学というジャンルを越えた伝承文化研究の総体のなかで、物語あるいは物語性の研究がさまざまに進んできているように思う。この二つの傾向は直接的な因果関係で結べないことだけに、興味深い動きではないかと思っている。人も集団も生きていくために各々自身のための「物語」を求め、その「物語」によって己を支えながら存続していくのであろうが、そうした人や集団の姿勢に対してのより切実な確認が、語り口のなかでの物語性の喪失と軌を一にする形で始まったようにもみえるからである。

ここで「物語」とは何か、ということについてふれなければならないのかもしれないが、この稿でそれを主題にする意図はない。とりあえず、人や集団がそれに依ってその存在を理解する構造であり、シンボル世界をもってしかあらわせない認識や価値観である、と表現しておきたい。

語り方の語るもの

前に引用した「戦前歩いていたころに六十代の老人の話はどうも信用がおきにくかった」で始まる宮本の文章の内容について、彼は別のところでこう話している。

いつのころからか、非常に散文的なものの言い方というものが発達してきます。われわれが日常話をしていることばというのは、大変散文的なことばなのですが、そういう散文的なことばはわれわれ覚えるものじゃないんです。きょう話したことは明日忘れている。あるいはあさってになると忘れてしまっている。ほとんどそうなって、話し捨て、聞き捨てのことばが、今日では満ちみちています。それを今、残しておこうとすると文字に頼っている。文字に書いておけば残る。しかし、文字に書くにも書きようがない時代には、今申しましたように型にはめることでそのことばを残す以外になかった。

やはり明治維新というものが非常に大事なので、明治以前も生きた人たち、その時に青少年期を過ごした人たちとそれ以後の人たちと、もうすっかり変わっておったんじゃないかという感じがするんです。明治になって学問が入って来て、みんなが字を知らなきゃならなくなったとき口頭伝承方式の生き方のくずれかたというのは、私はすごかったように思うんです。すべてのものが散文化して行き始めるというのは、その時期からなので、それ以前の人たちは日常会話すら、すべてその中に一種のメロディみたいなものがあったんじゃないかという感じがしますね。われわれ子供のころ、年寄りなんかの話を聞いておりました記憶では、皆こんなに抑揚のない話し方をするなんてことはなかったですね。

むしろ私は明治以前の人たちには、そういう意味での言語教育というものが徹底して行なわれておったように思うんです。その言語教育、近ごろの言葉でいうと話し言葉の教育と書き言葉の教育というように、書き言葉教育というのはほとんど昔は、一般民衆の中になかった。それが、明治に学校教育が起こっていくことによって書き言葉のほうが話し言葉のほうへグッと浸透してきますから、学校教育を受けた人と、それから、学校教育を受けなかった人との差というのはすごく大きな開きが出て来て、一方では昔話のようなものをぐんぐん消していった。昔話を消すとともに伝説的なもの、世間話的なものもグッと大きく変わってきたんじゃなかろうか。

これらの文章では「近代」と「非近代」における人の語りの根源的な差が指摘されている。この文脈からすれば、私が前述した「叙述」と「説明」の二語の違いについても、私が体験し感じたものは「近代」の中での程度の差に帰すことになる。

だとしても、私はこの三〇年間の自分の体験をふり返ることから始めなければならない。聞き書きという方法は、前述したように、記録者が意識するとしないとにかかわらず、きわめて恣意的な形の資料を残していく作業のように思う。だとすれば一人一人の調査者の自らの体験にもとづいた立場を明確にしておくことが、聞き書きについての論の基点になるように思うからである。

聞き書きという行為

語る人、聞く人

宮本常一は、また次のように述べている。

水沢謙一さんが出て来てあれだけたくさんな昔話をひろいあげていったのを見て、ぼくなんか、戦後にはああいうことはないものだと思っておったのが、じつは驚嘆したようなわけだったんです。(中略)

私の場合は、昔話を専門に聞くのではなくて、あらゆる話をきいているなかに、あ、これは昔話だなというような話が多かったわけで、私の聞いた話というのは、いい話はあまり聞いていないんです。いい話を聞いていないというのはやはり通りがかりの旅人だということですね。通りがかりの旅人には相手が腰をすえて、話をするということは非常に少ないんですね。ですから戦前、昔話を一番多く採集した人は岩倉市郎君ですが、岩倉君のような人が四千ばかりの昔話を聞くのに非常に長い時間をかけている。たとえば甑島《こしきじま》の昔話というのだって、たいへんいい話ですが、一人の伝承者を探しあてるのにひと月ぐらいかかっているんですね。（中略）そういう中から最後にたいへんな語り手に出会っている。それと同じことが沖永良部島《おきのえらぶじま》の昔話でもいえます。差司さんというおじいさんを捜しあてるのにやはり同じだけの日数をかけているんですね。何人も何人も人に会うてみてこれもだめあれもだめという、最後にすばらしい語り手に会うているわけで、つまり語り手というのは、だれもかれも語り手ではないのでございますね。おそらく村の中でほんとの語り手というのは、一人あればいいほうだと思います。

そうすると、あとの人というのは破片になっておるものを聞いて語っておるのが多い。それから同じ人でも、相手が変わったり条件が変わったりしますと、すっかり話が要領だけになってしまう。そういうことが多うなるんじゃないだろうか。

この文は昭和四十年に刊行された『宮本常一著作集別集第2　民話とことわざ』からのものだが、この中で宮本が「岩倉君のような人」と表現しているのは、別書のある箇所に次のような文章があるからである。

岩倉市郎も学業なかばにたおれた人として惜しまれる。（中略）それまで昔話は東北地方で佐々木喜善がひとり苦労しつつ調査をすすめていた。そうしたところへ岩倉があらわれたのである。その生活は貧しく、その地位は低くても、そういう中に不平も愚痴もいわず端然とすわっているような人であり、寡言の人であったが、不思議に話の聞き上手で、相手に思うように話させる人であった。彼に会うとすべての老人がすぐれた語り手になるのはいったいどういうことであろうかと思うことが多かった。話がわかりにくくなってきたかもしれない。岩倉市郎がすばらしい聞き手であったことを述べつつ、その一方でそんな彼でもよい語り手にめぐりあうまで時間と手間を要したことをあげている。

さらに宮本は前掲書のなかで次のようにも述べている。

話というものは語り手が年を取ってしまうとだめになることが多いんです。やはり自分に情熱があって、その情熱をぶちまけていく中で話が立派な〝語り〟になるのであって、年取ってくるというと説明的になり、筋だけを話すようになる。いわゆる〝話〟になってしまう。

こうした形で聞く人と話す人の問題についてふれている。では「立派な〝語り〟」とはどういう場で成立すると宮本は言おうとしているのか、それについては前掲書の中から汲みとってもらうしかないのだが、こうした文を列記していくと、これらの前提となっているのは、今は消滅してしまった語りの世界の存在であり、近代以降にそれにふれ得ることのむつかしさ――近代という時代はそれを発見したのでもあろうが――ということになろう。

聞き書きという現実的な作業を、もってまわった形で複雑なものとして書く意図はなく、私自身が共鳴しまた納得させられた聞き書きについての文章を並べているにすぎないのだが、そう単純な行程で着地点を捜せそうにはない。

対話の世界

この章の冒頭に竹内啓一の文章を示した。対話とはそれ自体独白の世界を形成しているものであり、その発言は文書資料の補完物ではなく、また文書資料などとの対比には、それなりの厄介な手続きを必要とする、そうした意味の文章だが、竹内をこれは聞き書き論として述べているのではない。この文章は地理学の碩学《せきがく》へのインタビューを集めた書物のあとがきの文章の一節になる。私はそれをここで自分の関心に即して受けとめ引用しているにすぎない。

人が何かを語り、他の人がそれを聞き、語りに応じて問い、話を深め確認していく。そうした作業はまずそれとして独自の世界をもつ、このことを聞き書きの際に実感するからである。そうして話というものが一人で勝手に展開されていくものでない以上、話し手と聞き手双方の「質」によって、そうして双方の関係性によって、成立する話のあり方も規定されていくことになる。

前述の宮本の文章とあわせて考えれば、こうした聞き書きのもつ独自の世界は近代とそれ以前では大きく変わった、とつながるのかもしれないし、あるいは、その世界自体が時代性をきわめて色濃く反映する場である、とその場の存在を優位において考えることもできるのだが、まだここではその整理はしないでおきたい。

聞き書きという方法は、時代性や社会性を反映した色あいをさまざまに――時には重層的な形で――含み、その事自身も民俗学のテーマとして考えてよいのではないか。それがこの章でまず述べたかったことになる。けれどもそれは、聞き書き、あるいは聞き書きの記録を作成するという行為に潜む多義的な問題を並べていくことにもなる。

たとえば同じむらに同じ年数だけ生きた古老が二人おり、その各々に話をうかがったとしよう。一人は、自分のむらは落ちついて穏やかなところだったという認識で語り、もう一人は、変動が激しいむらだったとの印象で語ることはあり得る。むら社会のなかで各々の古老がどのような立場で生きてきたかによって、見えてくるそのむらの姿は変わるからである。多くの場合、いずれもが自分の記憶や印象に即して偽りなく語ってくれているだけに、こうした差異自体がこの調査方法のもつ問題点をそのまま伝えていよう。また逆に一人の古老に別の研究者が各々聞き書きに行き、異なった印象の話を聞いてくることもあり得よう。

現場での模索

さらに踏みこんで言えば、聞き書きの資料が成立する場とは生身の人間が生身の人間に対応する場であり、話し手と聞き手とで織りあげていくなんとも得体のしれぬ記録の作成現場であろう。

「相性のよい人」

宮本常一が数名の研究者とともに、地域の生活改善普及委員の人達のために作成した古老への聞き書きの手引き書のなかに、「どのような人に話を聞いたらよいか」という項目があり、そのなかのひとつに「相性《あいしょう》のよい人」という表現がある。こうしたことは一般の民俗調査のハンドブックにはない。学生が杜撰《ずさん》な聞き書きをした時、その言い訳に相性をもちだされては教師もアドバイスがしにくかろうとは思う。けれどもある程度聞き書きを経験した人であれば、この一句のもつ現実的な説得力を認めざるを得ないのではないだろうか。この「相性」とは絶対的なものではなく、変わり得るものでもある。けれども気がつくとそこに存在している関係性の中のある種の色あいであろう。

私の知っている研究者の多くは、他の研究者の聞き書きはどこか使いづらいとの感想をもらす。私自身もそう感じることがある。このことは聞き書きという作業や聞き書きによる資料のもつ非客観性や曖昧性を示していようが、それは資料としての限界を有しているのと同じようにまた可能性を秘めているようにも思う。

こうした曖昧さや流動性——人格性と表現してもいいのかもしれない——を反映する例をあげていけばきりがないのだが、ここではそのいくつかにふれて章をむすびたい。

私は前述した宮本常一に、その晩年の十二、三年、師事した。

ある秋の日の午後、広島県下の漁村の古老を宮本はたずねたことがある。「そういう話だったらあの人がいいよ」、とその土地の人からその古老の名を聞いての訪問だったが、前もっての連絡をいれてはいなかった。玄関にあらわれ、来意を告げられた古老の態度は、文字通りけんもほろろという体だった。

けれども三〇分後その古老は身を乗り出すようにして宮本に自分の若い頃の漁について、

体験について語っていた。その間、宮本は民俗調査の意味について、自分の関心について、媚《こ》びもせずかといって高圧的に出ることもなく語ったにすぎない。やがて、「どうもこの人には話しておいたほうが良さそうなが」、そんな表情がその古老に浮かんだ。ただそれだけのことである。私は宮本のカバン持ちとしてその後に立ってその一部始終を黙ってみていたにすぎないのだが、彼について歩いてみて同様の経験は少なくない。

宮本がのこした多くの聞き書きについて、それを「聞き書きのテクニックの高さ」ゆえの成果として位置づけているコメントをしばしば目にする。けれどもそれは技術的な次元のみに帰するものではなく、むしろ彼の生き方の基本的な姿勢のなにかとして理解したほうがより自然に思える。とはいえそこまでの要因を視野に入れてゆくと、いわゆる「方法論」としての検討の枠からはみだしてしまうことにはなろう。

根性の悪さ

また同じく広島のある山村で、旧家の聞き書きをすませた宮本に、地元の世話役が声をかけた。

「あの家で話を聞かれたんですか。あそこの主人は自分の家に都合のいい言い伝えしか話さんでしょう。」

「それでいいんです。そうじゃなきゃ人間は生きていけません。」

宮本はそう返していた。

私自身、ある考古学者から言われたことがある。

「民俗学者って根性が悪いね。じいちゃんの話を感心して納得して聞いているようなあいづちをうっておきながら、一方で眉《まゆ》にツバつけてんだから。とてもあんなまねはできないよ。」

資料の検証に慎重を期すことは、どの分野の研究でも当然のことであろう。聞き書きの場合は、それが生身の人間と生身の人間との間でかわされる会話をもとにしているだけに、しかも話し手は誠意をもって自分の記憶をもとに応じているだけに、そうした印象をもたれるのだろうが、しかしこの言葉は聞き書きという作業の一面を反映していよう。くり返すが、いわゆる不確定さを多分に含む表現世界を、体系を探ろうとする問題意識でどう包みこみ、時代や社会のなかでどのように受けとめていくか、その姿勢そのものが「聞き書き」という方法の一面を支えている。

だから宮本は逆に「話者」という言葉をきらっていた。あの言葉には、まるで人間を音声記録が録音されたカセットテープのように扱おうとする響きがある、それがその理由だった。

こうした民俗資料のもつ性格について高取正男はこう書いている。

そうしたことは「民俗学に学問としての曖昧さを発生させる危険な因子になるものである。だが、一方、このことが研究する者に自己鍛錬を絶えず要求し、人間と、その生活の歴史というものに眼を開かせる重要な力として作用する」。

限界のラインまでが可能性ではない。そのラインの下にこそ可能性が本質的な潜み方をしている、この文を私は勝手にそう読み取る。

口頭伝承にその多くの資料を求めてきた民俗学にとって、聞き書きと呼ばれる行為は主要な調査方法のひとつとされてきた。けれどもそれは方法と呼ばれるほどに客観性を獲得し得るものではなく、方法として受けとめるのであれば、行なえば行なうほどその「欠陥」を認め、それに向きあっていかねばならない性格をもっている。それがこの方法へのつきあい方の仁義というものだろう。

この方法やそれにもとづく調査資料について、さまざまに検討を始めてよい時代が来ているように思う。これは資料批判という次元ではなく、聞き書きという行為自体を支えている世界への検討を含めてのことになる。そう、多くの古老はなぜどこの馬の骨とも知れぬ私の突然の訪問を快く受けいれ夜おそくまで対応してくれたのだろうか、と、調査に馴れると忘れてしまう歩き始めた頃の新鮮な驚きを思い返すことも含めて、改めて考えなおしていいように思う。

私にとっての聞き書き

人間てのはおかしなもので、自分の意思に関係なく、体験からしか学べないようにできているんだ。

（アレクシス・コーナー）

二つの世界

これまで聞き書きという言葉を漠然とした形で使ってきた。ここで自分の調査体験に即してこの言葉の輪郭を少し明確にしていかねばならないように思う。

船の中で

最初の章でふれたように、私にとって親の世代の戦争体験は妙に気になるなにかだった。私は大学に入ると、まだ「原爆スラム」と呼ばれる一角が残っていた広島を歩いたり、また「わだつみ会」(日本戦没学生記念会、戦没学徒の手記『きけ　わだつみのこえ』を編集刊行していた団体)の夏季合宿に参加したりしていたが、一年目が終わった三月と二年目の夏に、各々二週間ほど沖縄を歩いた。沖縄へ行ったのは「占領」が終わっていないとはどういうことなのか、また、ベトナム戦争の兵站《へいたん》基地として身近に戦場があるとはどのようなことなのか、それを少しでも知りたいと思ったからである。

当時の沖縄はまだ日本に返還されていず、通貨はドルであり行くのにパスポートを必要としたし、沖縄での身元保証人もさがさなければならなかった。(私にとっての最初の聞き書きらしきものといえば、この時の阿波根《あはごん》昌鴻《しょうこう》氏〈伊江島の反戦運動のリーダー〉からのものになろう。それを私は大学の小さな同好会のガリ版刷りの雑誌に載せている。)

沖縄へは東京から二泊三日の船便がでていた。それに乗りこむ時、船中で読むつもりで二、三冊の本をリュックにいれた。その中に『宮本常一著作集　第二巻　日本の中央と地方』があった。別に民俗学に興味をもっていたわけではない。その中に「戦争体験を生かす道」と題された一文がはいっていたというそれだけの理由で買ってみた本だった。

その中の、

戦争の末期頃われわれは高空を行くB29の姿を見た。青い空に白い翼が夢のように美しかった。その記憶は誰にもある筈である。だがその飛行機の落す爆弾がわれわれの生活を無残なものにした。いまもそうした飛行機は無数に空をとんでいる。ただそれがわれわれの周囲に爆弾をおとさないだけである。そういうものがはたして平和であると言えるかどうか。

という文章が印象にのこっていた。そのために船中で読み通してみようと持参したにすぎない。

もっとも、この本で強く主張されていたのは、日本の地方が中央の「植民地」となっていく動きに対しての強い批判だった。民俗学者とはこうした視点でものを言える人達なのか――、それが民俗学に興味をもったきっかけになる。まもなくそれは必ずしも民俗学者の視点ではなく宮本の視点だったと気づくのだが。

二年生の秋、宮本常一宅を訪れた私に、まず「歩いてみることだ」、彼はそう言った。その言葉から私のフィールド・ワークは始まった。

どう話をきけばいいのだろうか。そう尋ねた私に彼はまたこう言った。

「まず自由に話してもらえ。その人が一番話したいことに耳をかたむけることから始めろ。」

その言葉から私の聞き書きは始まった。そうして前述したように、これまでの私の聞き書きの半ばはそうした性格をもっている。

フィールドでの時間はいつも潤沢にあるとは限らない。時間を気にせずにのんびりと話を聞けることもあれば、限られた時間の中である分野について集中的に聞かなければならないこともあるのだが、後者のような場合でも、できる限り宮本常一から言われた姿勢をとろうとしてきた。

話を聞く場

最近自分の聞き書きの体験についてふり返る時、よく頭に浮かぶのは小池和男という経済学者の『聞きとりの作法』という書物になる。私がはじめて彼の名を知ったのは『ものの造りの技能　自動車産業の職場で』という本になるのだが、この本は自動車工場の作業についての綿密なフィールド・ワークである。

私はそうした書物を通してしか氏を知らないのだが、これまで日本企業のみならず海外の企業の現場に赴き聞き書きをたんねんに行ない、それをもとに企業社会について興味深い著作をいく冊か書かれている。

その『聞きとりの作法』という書は「この小さな本は企業での聞きとりの方法を考える。ここで聞きとりとは、直接企業にでむき事柄をよく知る人の話をじっくり聞くことをいう」という一文から始まっている。以下、引用としてはながいものになるのだが、この序文の中の文章をいくつか示すと、数量にあらわしにくい事柄を、直接企業にでむき観察しそれをよく知るひとに立ち入って話を聞く、こうした方法が当然考えられる。聞きとりである。しかし、たんに人の話を聞くだけで、どうして確かな事実に到達できるのであろうか。ていねいに話を聞かなければ、なかなか事柄は理解できない。しかも、ていねいに聞くならば、ごくわずかな人の話しか聞けない。それではたまたま偏った人の話を聞いたのかもしれない。それでどうして一般性を主張できるのであろうか。疑問はつきない。

現代の企業にとって時間はコストである。聞きとりに対応する企業のひとの時間は、聞きとりがなければ、その分生産や売上げに寄与できた。コストとなる。それを年余といわないまでも相当の長期企業に覚悟してもらうのは、なかなか難事であろう。承諾がえられるとしたら、それはまれな僥倖《ぎょうこう》かもしれない。企業での聞きとりは時間の制約を充分考慮する必要がある。

この本は主な目的と、従の目的がある。主な目的は、企業のなかでの聞きとりの方法を具体的に説明するにある。きわめて実際的な方法を解説したい。企業での聞きとりをおもいたったとして、いったいどの企業に話を聞きにいけばよいのか。その企業に働く人は多い。そのなかのどの人の話を聞けばよいのか。そもそも企業にどのように頼めばよいのか。かりに承諾の返事をもらえたとしても、どのように話を聞けばよいのか。ただそこにいって、たとえばコンピューターが進めば技能がいらなくなるかどうかという問題を調べるなら、たんに技能が低くなったかどうか、と聞けばよいのか。そのばあいの技能とはなんであろうか。高低の判定の基準はなにか。それに、ていねいに話を聞けば聞くほど、話を聞ける人の数は少なくなる。ほんの数人の話を一般化してよいのであろうか。悩みはつきない。

そうして、聞き書きについて、その申し込みを行なう手続きやマナー、調査に応じてくれる相手および相手企業への配慮、また氏の問題意識にもとづく質問の方法まで、きわめて具体的に述べられている。

民俗学の聞き書きからいきなり経済学畑の書物へと話がとんでしまった。この二者各々のジャンルがその背後に想定している個と社会の関係性の違いなどまったく無視しての飛躍になってしまったため、聞き書き現場での模索という共通項を示すためにもう少し同書の本文を紹介する。

よく見られる失敗例から語ろう。この仕事で一人前になるにはどれくらいかかりますか、という質問をする人が少なくない。この「一人前」という言葉がくせ者なのだ。話し手が二、三年ていどの経験なら、おそらく三カ月や半年などごく短期間で一人前になりますよ、などといった答えがかえってくる。他方、ベテランに聞くと、一〇年はかかりましょう、など相当に違った答になる。たぶん両者とも事実を語っているのだが、それぞれの事実の深さが異なる。（中略）先の質問は、したがって、それだけでは愚問となろう。どの意味での一人前かを明確にしない質問では、実態にせまれない。同時に聞きとりの深さとは、どのような話し手にお願いするか、その選択にもかかる。

どこで聞きとりするかは、おもいのほか重要である。生産労働者の技能をかりに聞くとする。それなら、できるかぎり機械のそば、せめてもそれにごく近い職場の詰所を有利としよう。（中略）

第一、かりに工場の応接室だとする。しばしば、そこでは話し手の上司がでてくる。それでは問題をもっともよく知る職長は遠慮して話さなくなる。なにも「日本文化」

のせいではない。わたくしの経験では洋の東西をとわず、ていどの差はあれほぼ同様であった。もっともよく知る人の話をひきだすには、その人が主人公である場でこそ聞かねばならない。

また聞き書きの時間については、わたくしの経験から、

さきに一時間半からせいぜい二時間、というめどをしめした。わたくしの経験から、これにはいくつかの理由がある。

第一、話し手にとって許容しやすい時間か、と思う。一日の労働時間の四分の一ほど、まる一日をとるわけではない。

第二、重要なことは、聞き手にとってそれ以上ながいと、なかなかリズムがつづかない。のちにみるように聞きとりとは、質問し、その答えに応じて次の質問をその場ですぐさま用意する。そうでないと時間が空きすぎ、時間あたりの効率ははなはだしく落ちる。

多少なりとも聞き書き調査をされた方であれば、ジャンルや問題は違ってもこうした記述に、あるリアリティと親しさを感じて読まれるのではないかと思う。私もこのあとの章で具体的な状況こそ違えこれに相似することに多少ふれるのだが、しかし、小池氏の行な

ってきた聞き書きに比べると、これまで私の行なってきた聞き書きは、一面ではまったく異質のように思える。

というより聞き書きという言葉自体が、単に生身の人間が生身の人間に話を聞くという行為の形式的な呼称にすぎず、その言葉自体の中にその方法や対象、性格、問題意識について何ひとつ含まれていないことを改めて確認させられる。

たとえば、私はある一人の古老からの聞き書きについて次のように述べたことがある。

七年ほど前から、四国山地のあるむらに通っている。（中略）

ここに明治三十八年生まれの古老がおられる。その人の話を聞きにお宅へうかがった回数は、もう何十回になるだろうか。往復九〇分の録音テープに記録した話の量だけで五〇本を越すが、実際に話をうかがった量はその倍ではきかない。

まだ話が切れる気配はない。一度として重複した話も出てこない。それどころか、聞けば聞くほどこの土地の背負ってきた文化が、この人の一生のなかに凝集してあらわれており、それがひとつの体系をもって眼前に展開していく。

夏の午後、話がひと区切りついた時に、開け放した縁側からアブが唸《うな》りつつとびこんでくる。そのアブを追いつつ、話はこの地のアブの種類と呼称やその牛馬への害の防ぎかたへと移り、さらにはさまざまな昆虫に対するこのむらの人びとの認識へと広がり、それがそれまで聞いていた焼畑の話と結びついていく。

秋の夕、ふと湯呑を置いて向かいの山の端に入る太陽に目をやると、その山の景色が幼少時の自分にとって何であったかについて話がほぐれてくる。それはまた、山に囲まれたむらにとって町場とは何であったかという問題に結びついていく。

もとよりその聞き手は私である。半ばはこのおじいさんの話すにまかせつつも、そのあいづちの打ちかた、質問の出しかた、話の切り口の設定などに、私は私で問題意識を押し出していく。

こうして何十時間も百何十時間も話を交わしていくと、そのおじいさんの背負っている生きかた――ひいては文化――と、私の生きかたとが切り結びを始める。そのおじいさんの話を聞けば聞くほど、私がこれまで背負ってきた自己というものを見つめるはめになる。

それは、先方がひとつの体系をもってあらわれるだけに、自分が、いま、ここにこうした形で存在しているということについて、ある体系でとらえようとするにはどうしたらいいのか、そうした問いをつきつけられていく。

このおじいさんがお元気な限り、私の聞き取りは続いていくだろうし、いつの日かそれをとりまとめてみたいと思う。そこにあらわれるのは、どれほどの分量になろうとも、そのおじいさんの姿ではなく、私に刻みこまれたそのおじいさんの残像にすぎない。その残像も「事柄」の集積から成るのではなく、フィルターを通した「状況」の重ねあわせから成っている。（拙著『空からのフォークロア　フライト・ノート抄』）

このような時と場をもち得ることは、聞き手にとって血が騒ぐことである。それは聞く側が、古老によって照り返された自分自身の姿を知っていくことにもつながるからである。勝手な、そして論旨を混乱させる文章を許してもらえるならば、そうした体験を人に与えるために「民俗学」などというもっともらしい名の看板があるのだとしても、それはそれだけで充分ではないかと思う瞬間すらある。

土佐山中にて

一九九二年、その古老永野茂友さんは八十八歳でなくなられた。私の手元には一〇〇本を越す録音テープと、テープレコーダーを用いなかった時の聞き書きのノートが五冊ほどのこされた。それらをすべてそのままに書きおこして提示することが、私にとって最も納得し得るこの作業への対応ではない。これらの話を私が一度私の中で咀嚼《そしやく》し、彼の言葉を引用はしても、私の文章のなかで私の世界を広げるなかでそれを生かしていくこと、そしてその作業を明確に意識して行なうこと、それが私にとって最も自然な姿勢となる。のちに私はこのむらについて一冊の民俗誌をまとめてみたのだが、その内容の三分の一弱ほどを茂友さんの話をもとに構成した。

そしてそれが茂友さんへの私なりの供養になると思っている。聞き取りとはそうした身勝手な思いこみを誘発する力をもっている作業でもあるのだが、けれどもこの身勝手さはどこかでそのまま、ある普遍性に繋がっていく道をもっているはずである。そう思わざるを得ない手ごたえと明るさが、聞き書きの時間のなかにある。

永野茂友さんのむらは、四国山地の中央よりやや東よりの山の斜面に位置している。私はこのむらに入ると、可能な限り永野家にいた。ある時は茂友さんから話を聞き、あるいは一緒に野良仕事に連れていっていただき、ある時は縁側でぼんやりと対岸の風景を眺めていた。その風景、その作業の中で語る彼の言葉を聞きつづけたかったからである。

一〇年間通ったといっても、そのむらの調査に割き得た日数は、通算して半年余りにしかならないのだが、その一〇年の間、私はこのむらに通うことを第一義として自分のスケジュールを組んでいた。そう社交的とはいえない私が、身辺的な世間うちでますます非社交的になっていくと思うほど、そのむらに行くことを優先した。それほど茂友さんの話を聞きたかったからである。またあのむらに行ける、話が聞ける、そう思っただけで元気に目の前の雑事をかたづけていく自分がいた。バスをおり、山道をのぼり、むらのとっつきの家が見えたときの心の弾みは、いつも新鮮なものだった。

私の調査体験のなかで、こんな形で魅かれるように話を聞きつづけることができた人はかぞえるほどしかいないのだが、こうした体験をもっているのは私だけではないと思う。おそらく一人の人物からもっと多く、そして豊かに話を聞き記録をされている研究者はおられるはずである。

私と茂友さんとの出会いにしても、偶然性に大きく左右されてのものではあるのだが、そうしてまた茂友さんがなぜ私を受けいれてくれたかについても考えなければならないのだろうが、しかしこの聞き書きの体験は、私にとって聞き書きとは何かということを考えるときに不可欠な要素となっているし、ほかの人の聞き書きを読む際にもこの体験がどこかで視点の支えになっている。

質問要項

とはいえ、こうした聞き書きばかりを行なってきたわけではない。またこうした聞き書き作業のみが聞き書きの本質とも思えない。話し手と聞き手とが前述のような形で世界を切りむすび得ない聞き書きについて、それだけの理由で低い次元のものと決めつけるつもりもない。私自身そのような聞き書きも数多く体験してきた。なぜ切りむすび得ないのかという問いは、なぜ切りむすび得たのかとの問い同様に、明確な説明ができるものではないからであり、私にとって聞き書きとは、まずさまざまなありのその総体を認めることから始まるからである。

聞き書きについて述べる際、まず自らの体験を語ることから始めるのだとすれば、茂友さんとのつながりはひとつの大きな柱となる。そう思ったためにここで書いてみたのだが、いずれにせよ前述した小池氏の行なっている方法とは異なる性格のものであることは確かであろう。

各々の現場では、自分の問題意識をまず相手の都合や事情にあわせる形で話を聞くことから始めなければならない。言ってみればそれだけのことになる。そしてその間口のなかにさまざまに位置づけられる聞き書きがある。聞き書きという作業を位置づけるのは、まずその当事者の問題意識であり方法論であろうが、それは時には語られる場や時や語る人の状況に規定される性格をもつ。とはいえ、語る者と問う者が向きあって表現を紡ぎ出す作業という絵柄は、一見する限りは似たようなものである。

これからは小池氏がされているような形での聞き書きは、おそらく民俗学の分野においいても、より必要になってこよう。私自身も氏のようなしぼりこんだ表現で「聞きとりの作法」をまとめられないものだろうかと思う。そうした実用的発想の「作法」を書くことでその人がかかえている問題意識や認識世界がフィールド・ノートとは別の形で、そのむこう側に姿をあらわしてくる。

私達の世代にとって民俗学の調査の具体的な手引きといえば、まず「日本民俗調査要項」（郷田洋文・井之口章次『日本民俗学大系一三』昭和三十五年、平凡社所収）になるのだろうか。これには「一　村の概観」から「十九　その他の口承文芸」までの項目に一〇〇〇を超す質問の項目が要約されて並べられている。

ここには、その当時の民俗学が到達した問題基準の一面が、質問要項という形であらわれている。読みものとして読み通す性格のものではないのだが、あるおもしろさをもっている。伝統的な共同体や伝承文化という得体の知れない対象にどのような投網《とあみ》をしかけようとしているのか、質問要項の文章のかさなりがそのまま要項作成者の息づかいとして聞こえてくるような気がする。

この質問要項の凡例の一行目に「（この要項は）実施調査に役だつように配慮して作製したものである」との表現があるのだが、フィールド・ワークを体験した者であれば、こうした質問を並べていく形で調査が進んでゆくとは思わないはずである。私の経験では、聞き書きのあとに聞きおとしをチェックする際の目安としての活用は有効であるように思うのだが、「とりあえずあんなものは気にするな」、私自身はどちらかというとそんなアドバイスを受けてきた。そして、私もそれを妥当だと思う。

けれどもこの要項は、項目の羅列としてはとらえ得ないものを項目として列記しようとした試行であるだけに、この郷田、井之口二氏がどのように共同体の伝承をとらえようとしたのかのあがきが伝わってくる。生前の郷田（坪井洋文）氏をよく存じあげているだけに、氏の少し照れた笑いが目に浮かぶようでもある。そこにその時代の民俗学の姿が投影されている。デジタルの目をこまかにしてゆくと、アナログの動きに似て、しかしそれとは違った精妙さがあらわれるが、そのような肌あいのなかで求めようとするむらの姿が浮きぼりされている。そうしてそんな形でしか姿をあらわさない対象の姿もある。

自治体史作成の現場で

自治体史という枠組み

まるでその場に聞き書きの精《スピリット》がおりてきたかのような気持ちにさせられた体験、聞くことで逆に自分自身の背負っている文化を見つめなおしていくはめになった体験、私の聞き書きをふり返ると、まずそうした二種の体験が思い返され、その人達と向きあった時間やその時のその人達の表情が頭に浮かぶ。

そうしてそれらと並んでもうひとつ、私の中で大きな比重を占めるのはさまざまな自治体史作成の折の調査でお世話になった方々との時間になる。これまで一〇ヵ所近い県や市町村で県史や市町村史の作成に関わってきたが、こうした折の聞き書きは一面できわめてビジネスライクな性格をもっている。

自治体史とは、その調査作業、文章表現、刊行の最終責任を自治体が負うことによって作成刊行される記録である。そのために事前に組織的な計画性が強く要求されることになる。監修者を選び要請し、刊行巻数を決め、それにもとづいて部会などを設け、そのスタッフを選んで依頼し、刊行順や刊行年度を設定していく。

内容表記のバランスも配慮される。たとえばある市が二〇の大字《おおあざ》から成っているとすれば、その市の予算を使って製作する以上、あまりかたよらぬ形で——できれば一冊をとおしてどこかに必ず二〇の大字のことが記されていることが望ましいといった——の記述が要求されるし、大まかなレベルでも全体像が示されることが求められ、民俗の巻であれば民俗の全ジャンルの構成的記述が希望される。そしてこうしたことは自治体史の内容の形骸化の一因にもなっているのだが。

このため各部会はスタッフの分担を定め、自治体の担当者はそれに応じて、実際の調査に先んじて各大字への折衝や調査に対応する人選をすすめる。調査に入る者は、まずその根まわしに乗る形で地域に入っていくことが多い。もとより、ある程度調査がすすめば、調査者が自治体の担当者を介さず独自に動くこともあるのだが、調査の当初は、自治体の担当者も同伴してどのように調査がすすめられるかを把握し、また調査する側もその現場を知ってもらうことで自治体側の理解の深まりを望むことから、自治体の段取りのもとで調査が行なわれることになる。

こうした形で聞き書きの時と場を設定してもらう場合、一人のお年寄りへの一回の聞き書きは二時間ほどが目安だろうか。これは話し手の疲労の問題もあり、そのお宅の状況にもよる。時には興にのって一日近く話をうかがうこともあるのだが、調査する側はその時間のうちに自分に課せられた分野の話をそこで聞くことになる。こう書いてくると、これは小池氏の書かれた聞き書きのスタイルに多少近づいてくる。

玄関口の前で

二十代の半ば、私が中国地方のある市の自治体史の民俗編の現場主任になった時は、私は住民票をその市に移し、取り壊し寸前の長屋を市から借りてもらい、通算して一年半、足かけ三年ほどその土地に住んで調査を行なったのだが、多くの場合は自分の仕事の合間をみて自宅から調査に出かける日程をやりくりし、聞き書きを中心にした調査の日程を担当者に組んでもらうことになる。そうした時期を年に何度か設け、それを重ねていく。こうしたスタイルが通常のものであろう。

たとえばそうした設定のもとで仮に午前中に一人、午後に一人、夜に一人、一日三人の方の話を聞くとしよう。そうした日が四日、五日とつづいてゆくことは——時間を割いて下さる話し手の負担を棚あげさせていただくとすれば――、私にはきつい作業である。ほかの方はどうなのだろうか。これは、人の話を聞くということをこんなふうに積み重ねていってていいのだろうかという生理的レベルに近い疑問のようにも思う。こうした形で話を聞きつづけてゆき、四日目ともなると、私は玄関口で大きく深呼吸をしてチャイムを押すようになる。そんな時は時間のゆるす限り、ただむらを歩く。

しかしそうした形で、たとえば二〇の大字から二、三人ずつ話をうかがい、ひとつの市の中で五、六十人の聞き書きを行なってみると、そこには共通性と差異とが、ある構造をもっておぼろげながら浮かびあがってくる。この共通性と差異とは、その自治体の中での数十人の古老の語りの中にある共通性と差異であり、またその自治体の大字間を比較しての共通性と差異であり、さらにこれまで私があるいてきた他の地域とその自治体の地域との共通性と差異である。

この時見えてくる普遍と特殊との構造のありようは私の中に刻まれて、地域文化のあり方や、方法としての聞き書きを考えるうえでひとつの拠りどころとなる。自治体史の仕事に関わる時間のなかで、この時が最も手ごたえを感じる時になる。現実的には、それはその自治体史の仕事がほとんどおわりに近づいた頃のことになるのだが、その足場が自治体史の文章を書いていく時の視座になる。

そうした調査の場で、たとえば私が「農事暦《のうじれき》」の項を担当しており、二時間ほど一人の古老のお話を聞けたとしよう。その場合私はその時間の半ばは、その人の小さい頃から現在までの思い出ばなしを語ってもらうことにしている。「自由に話を聞け」と私がアドバイスされたとしても、私がその能書きのみをもって素のままでその場にのぞめば、話す側も困惑しよう。まずごく粗いライフ・ヒストリーの形で過去を話してもらうことになる。その人の目に映ったそのむらのうつりかわりをその人がどのように語るか、その人がむらの中でどのような立場でどのような体験をし、何に最も力点をおいて過去をふり返る人なのか、まずそれを少しでも知らないと自分に課せられた分野の話も安心して受けとめることができないような気持ちをもっているからである。それで約束の時間がおわってしまうこともある。その場合はもう一度時間をとっていただくことになるのだが。

そうして出会った人の中で、伝承力の豊かな人であれば、自治体史の仕事をおえてもその人に会いに通うことになる。それができない場合は、未練がその土地にずっと残っていく。その方が鬼籍に入られ、もう話が聞けなくなることもあるのだが、そんな場合もこの未練はあきらめにかわることはなく、いっそう強い悔いとなって心の中にとどまりつづける。年をくっていくほどにその数は増えてゆく。

ながい前置きを終えて

聞き書きという作業を自分の体験に即して考える時に、ある基準として、また大きな意味をもったものとして浮かびあがってくるのは、前述した二種の体験と、ここで述べた自治体史に関わる体験となる。いずれも性格や次元を異にするものだとは思うが、もしこれらに共通しているものがあるとすれば、それは私が、その語る人の見えている状況、その人をとりまいている状況をその人の言葉で知りたいという関心になろう。私がまず希求しているのは、事実とか事柄ではない。ここで状況という言葉を、すぐに世界観といった言葉におきかえ得るほどの力が私にないことは残念だと思う。

その人にとって体験の意味は変わっていく。変わっていく過程も意味を潜ませており、その意味も移っていく。そうした動きの中で、その人の中に深く根をおろしている足場がある。永野茂友さんは焼畑のむらに九〇年近くを生きてきた。そこでは山の自然に向きあってきた茂友さんの姿、正確には茂友さんに収斂《しゅうれん》されるこのむらの時間と体験が、私に私自身の存在を問う形で届いてきた。ひとつの自治体という地域の中で、たとえこちらの視線は浅くとも、数十人の人々が群としての語りの中でその地の記憶のさまをかいまみせてくれた。あるいはまた近代に生きた人の言葉と言葉の行間にそうでない時代の生命――精《スピリット》が走り抜ける姿を見た。

聞き書きとは、そうした時間にふれて、自身の足元を見つめなおしていく作業ではないのか、私の聞き書きについての覚え書きは、自然とそんな方向に帰結していく。その先にあるのは、「今」という時間の意味を探る行為になろう。

再び「世代の体験」にもどって

そうしてこれは、親の世代の戦争体験が気になっていたあの頃の自分をどこかに引きずっているのだろうか、そんなふうに思ってしまう。

時代や社会のなかでの自分の位置づけや自己の存在の意味をつかみたいと渇望する反面で、類型的な普遍化を同じような強さで拒絶し、そんな自分を自分でもてあましていたあの人達の存在が今も私の頭のどこかにあるからである。あの粗野で頑《かたく》なで身勝手にみえた心意を、幼少期から少年期にかけて日常のなかでありふれた行為をとおしてかいまみたことがどこかでこだわりとなっている。

戦争とは多くの死者をつくることで生きのびる人間を残していく。あいつは、そしてあいつも俺の身代わりになって死んだ、俺が殺したようなものだ、とでも言いたそうな沈黙をいく人もの親の世代の顔に見た。

平成十二年、父親より少し若い世代の映画監督の一人が、中学生が無人島につれさられ、互いに殺しあい生きのびた者だけが生還を許される、そうした映画を作った。その監督が昭和五年生まれであり、終戦時に十五歳だったことを知れば、その映画を見る前に、彼は原作の中に自分の体験を読みこみ、時代の矛盾を強く押しつけられた世代を現代の中にずらした形で自分の映画のなかにそれを刷りこんだんじゃないのだろうか、とごく自然に考えてしまう。そのラストシーンで、生きのこって島を出た二人が、これから生きてゆくために夜明けの町を歩き出す。そこには「八月十五日」直後の監督自身の姿が重なって映っているのではないのか。伝承とはそうしたものだろう、と。

「あんな映画をつくって」

父より二つ年下のまた別の映画監督が、戦後の一三年間――彼の助監督時代――のことをふり返って述べたなかに次のような一節がある。

その頃から、映画館では、作り手の一人としてではなく、出来るだけ受け手の一人として見る事にしていたのだが、戦争映画の中には、手もなく、混じりっ気のない受け手になり切ったものもある。

たとえば、『きけわだつみの声』では、学徒兵たちの姿が、あの雨の出陣学徒壮行会の日の友人たちの姿にダブり、たとえば、『ひめゆりの塔』では、女学生たちの姿が、四四年一一月二四日のＢ29本土初空襲の時、たまたま徴用工の私が居た中島飛行機製作所で、無残に飛散した多くの女子挺身隊員たちの姿とダブって、ナミダで画面が滲んで困ったものである。

従って、映画館を後にしてから、やっと作り手の一人に返るのだが。

「もし監督になれたとしても、自分であんなに泣いちまっちゃあ、とても、あんな戦争映画はつくれまい」（このなかの『きけわだつみの声』は昭和二十五年封切りの、『ひめゆりの塔』は昭和二十八年封切りのものを指している）。

彼は昭和三十四年に、国という制度をドライなニヒリズムで陽気に相対化した戦争活劇映画を作った。

「岡本喜八とかいうのがあげな映画をつくってから。」

それを見てきた父は家でふとそうもらした。「あげな映画」がどんな映画か当時はわからなかったのだが、その父の言葉はその監督の名前とともに印象にのこった。語感に不快さがなかったからである。私ははるかのちにビデオでこの映画を見た。そしてその監督の作品をいく本も見てみた。国や組織に帰属するということの重さから解放されたいという衝動が、それらの画面にあふれていた。そう、あの人達は批判には与せず、しかし反骨を愛していた。一切がとき放たれるような明るさをどこかで望んでいた。改めてそう思い返す。

伝承とはそうしたものだろう。

以上が聞き書きに関しての私の個人的な、そして大変長い前提になる。

次章ではそうした聞き書きの現場で感じたいくつかのことを自由に書いてみたい。ここまでこうした能書きを書いてきたことで、やっとそれが許されるように思える。

語ること・記録すること

舌は頭の知らないことをしゃべる。

（ロシアの諺）

日常言葉の専門用語

言語表現の意味

その体験の当事者であれ、当事者からの話を聞く立場の者であれ、話し、あるいはそれを記録するという行為をとおして、体の内にあるものをどこまで言葉でとらえられ表現でき得るものなのかという原初的な次元での問いがまず存在する。これは問いという形でそのように表現できはするが、正確には、つきあいつづけていかねばならない前提としての性格をもつなにかなのだと思う。そうしてそれが原初的な次元からのものだけに、この問いはさまざまなところでさまざまな形で顔をのぞかせる。

そんなことごとしい言挙げをするまでもなく、この問いはさまざまな分野で、あるいは次元で問われつづけられてきたことであろう。

たとえば自分がその日その日を生きていくことができるかどうかを、自分を囲む外の世界にふりまわされ、しかもその状況が刻々と変わるなかで生きのびてきた時間——戦場での時間——というものは、結局は本質的には語りようがないことかもしれない。

またあるいは、猟師が獲物を視界の中におさめ、獲物の動きや距離、風向きや地形を判断し銃の引きがねを引くまでの、凝集した時間内での彼の判断や行動は、言語で表現し得ることとは別の世界のものになるはずだ、と。

後者の場合、現場の技術の伝承とその記録との距離は遠い。記録が技に迫ろうとすればするほどその違いは明確になるように思う。フィールド・ワーカーが記述対象の作業に参加するいわゆる参与観察は、観察者のより深い理解を助け、その作業現場の人達といっそうのコミュニケーションをもつことができ、彼にいくばくかの知識と満足感をもたらすものではあろうが、それは同時にまた、前述した壁の存在をより強く感じさせることにもなろう。

路地の風息

ここで私は進藤松司さんという漁民の古老との時間にふれたい。

私は大学を卒業すると、定職につかず、家を出て東京郊外の国分寺というところで下宿暮らしを始めていた。前述したように大学二年の秋から宮本常一の教えを受け、いろいろな調査の旅に連れていってもらっていたのだが、そのことだけは卒業後もつづいた。

下宿生活のなかで、私の持ち時間の三分の二は、そうした調査とそのとりまとめに、残りの三分の一は生活費を稼ぐためのアルバイトに充てられていた。

四畳半一間に一台の机、三棹の本棚、布団一組、それにダンボールひとつ分の衣類と簡単な日用雑貨が当時の財産のすべてであり、一ヵ月の生活費は二万円——現在から三〇年近く前のことである。下宿代は風呂なし、トイレ炊事場共同で一万円だった——ほどだったと思う。と書いてくればどこか貧乏くさくなるのだが、当時の私は心身ともに若く元気だった。そうやって暮らす日々は、おもしろく、またさわやかだった。あてになる未来があったわけではないが、胸を張って大通りのまんなかを歩いていた。

南面する窓を開けると、甍《いらか》のむこうに大きなケヤキが青空に枝を張っていた。春であれば、日々に若葉が伸びていく様子が遠目にもはっきりとわかった。その伸びは、遅々として進まない机上の調査報告の原稿を笑っているようでもあり、励ましているようにも思えた。

私が進藤さんにお会いしたのは、そんな時期である。下宿に移って二ヵ月ほど経った時、私は宮本常一のカバン持ちで、広島県の県庁へ出かけた。『広島県史　民俗編』の調査の打合せのためであり、この仕事は宮本が監修者となり、地元の方々と武蔵野美術大学の宮本研究室のメンバーとが共同して行なうことになっていた。

会場につくと、十数人ほどの地元の研究者が集まっておられた。そのなかに一人だけ妙に気になる人がいた。控え目に座ってはおられるのだが、不思議な存在感があった。他の方々には、どこかしら研究者的な、あるいは教員的な色あいが漂っているのだが、その人にはそれが皆無であった。たとえて言えば、ついいましがたまで畑で鍬を打っていた人が、鍬を置いてひょいとその場に座っているような風情があった。とはいえその雰囲気は、農民のそれではなかった。打合せの会の半ばの休息時間に、宮本は私を手招きして、その人を紹介して下さった。その人が進藤松司さんだった。メモに自宅の住所を書いて渡された。おそろしく達筆だった。

そのころ、宮本のもとで広島県のある都市での民俗調査計画がすすんでおり、私もそれに加わることになっていた。その都市と進藤さんのお宅とは列車で四〇分ほどの位置にあった。

「この若いのは瀬戸内海で本格的な調査は初めてなんだ、いろいろ教えてやってほしい」、宮本は進藤さんにそんなことを言われていたように思う。それから一年余り後――これも前述したように――、私はその地方都市に住民票を移し、足かけ三年、通算して一年半ほど移り住むことになる。

私がはじめて進藤さんのお宅を訪れたのは、その地方都市に移って三ヵ月ほど経た時のことであろうか。古い船板を打ちつけた壁が両側につづく路地の奥に進藤家があった。穏やかな微笑みで私を迎えて下さった進藤さんは、そのまま世間話をするような口調で、海のこと、船のこと、漁のことを話し出された。夕方になり、二人で近くの銭湯へ行った。その途中、進藤さんは、「ほォ、風が西に変わりましたな」とつぶやかれたのだが、その時私は風の息すら感じ得ていなかった。それ以来、私は進藤さんと言えば、まずこの路地の風息《かざいき》のことを思い出すようになった。

『安芸三津漁民手記』

進藤さんは明治四十年、広島県豊田郡安芸津《あきつ》町三津《みつ》に生まれ、一生を瀬戸内海の漁民として終えた。没年は平成五年。

「私は日本一貧乏な漁師ですわい。借銭のために借銭して、またその借銭のために借銭をして、そのくり返しでした。」

時折そう話されていたが、若い頃に青年団関係の雑誌を通じて大西伍一氏の知遇を得、大西氏を通じて渋沢敬三に見出され、三十一歳の時に、渋沢が主催する研究所のアチック・ミューゼアムから『安芸三津漁民手記』という記録を刊行している。これは進藤さんの二十代の頃の三津の漁民の生活記録になる。

その刊行後、進藤さんは渋沢敬三から上京してアチック・ミューゼアムに加わらないかと誘われた。このことについて、

「『農業については宮本（常一）がおる。お前は漁業で（調査研究を）やってもらえんか』というようなお話を何度となくいただいたんですがの、わしゃ漁が好きで性におうとったし、そっちの方に行く自信もなかったですけんの。」

と話されていた。

進藤さんがもし上京されてアチック・ミューゼアムに所属されていたら、ユニークな漁業文化の研究者が一人生まれていたであろうが、進藤さんはこの地の漁家に生まれた者の多くがそうしたであろうように、漁民としての道を選びその生涯を終えた。

ただ、『安芸三津漁民手記』刊行後も、自分の暮らしを支えている眼の前の事象をそのままに記述し、そのことで自分の暮らしを見つめなおしていくという姿勢は、そのままも

ちつづけられていた。私がはじめて進藤宅にうかがった時、どこに発表するというわけでもなく書きためられた原稿やスケッチが文机や棚に積みあげられていた（図2参照）。

よく知られているように、渋沢は実業家であるとともにさまざまな研究活動に対してのパトロンでもあり、研究組織のオーガナイザーでもあった。そうした彼の目配りは研究者に対してのみでなく、地方に生産者として暮らしている人々にも及んでおり、いく人かの若い農民や漁民にその時点での綿密な生活記録の作成を依頼している。

前章で岩倉市郎について述べていた宮本常一の文章を引用したが、奄美大島の東にある喜界島《きかいじま》出身の岩倉市郎が同島の調査を行なっていた時、岩倉の調査を手伝っていた拵《こしらえ》嘉一郎という十代半ばの少年がいた。渋沢は、彼に阿伝《あでん》というむらにあった彼の家の昭和十一年から同十二年にかけての一年間の日々の献立を逐一記録させ、それに関わる日ごとのコメントを付記させて『喜界島農家食事日誌』としてアチック・ミューゼアムから刊行している（図3参照）。これには巻末のデータとして当時の彼の家の所有民具をリストアップした表が付せられている。

断片的な形ではさほど資料性が高くない個々の事象も、それらをあるまとまりのなかで群としてとらえ、またその資料の世界を支えるデータをつけることで、そこに生活文化の

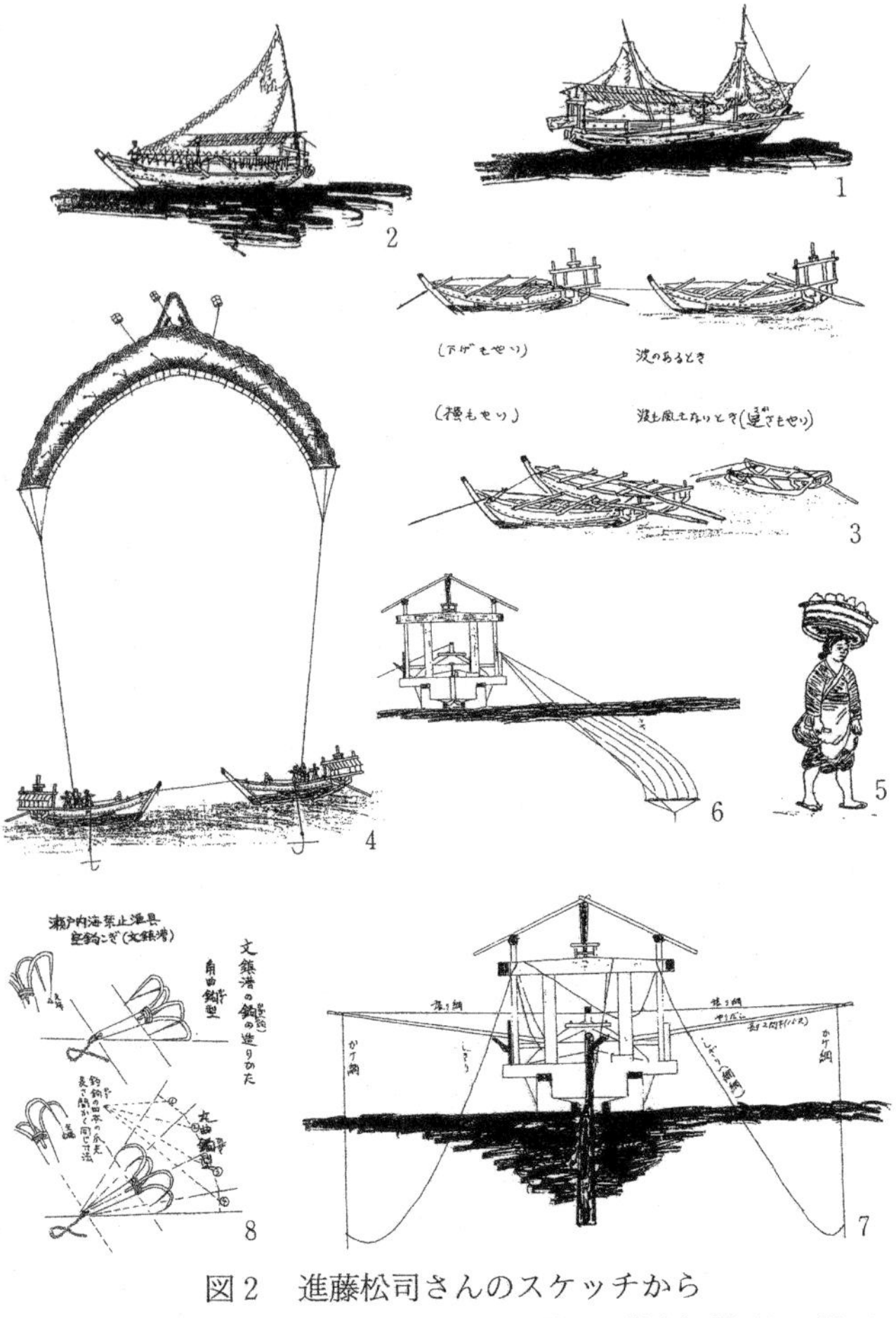

図2　進藤松司さんのスケッチから

1 潮曳えび打瀬網（二条）網干しの図　2 五智網（鯛網）網干しの図　3 もやい（船つなぎ）の方法　4 潟寄網（雑魚網）　5 三津浜の漁民の女房．ハンボウという桶を頭にのせて魚の行商．カベリと言う．6 潮こませ（エビ打瀬網）．艫からの図　7 小型エンジン付エビ網二条漕　8 文鎮漕の鉤ひとつの体系性があらわれてくる。そこにあらわれる体系性は、聞き書きによっては補足し得ない次元のものであり、また時代がすすむほどに有効性を増してくる資料となろう。それは渋沢が求め、それに向きあおうとしていた資料の豊かさでもあったように思う。そうして一旦このような記録を行なった者は、その後も方法として自分をとりまく日常事象の記録をつづけていくことになる。

この拵さんもそうであり、秋田県男鹿《おが》半島の寒風《かんぷう》山麓の吉田三郎という若い農民もそうだった。拵さんは平成二年に『喜界島風土記』（平凡社刊）を出され、今も原稿用紙に御自身の記録を書きつづけておられる。吉田三郎さんがアチック・ミューゼアムから記録を出されたのは昭和七年と同十三年であるが、はるかのちの昭和三十八年に『もの言う百姓』（慶友社刊）という記録を出されている。

彼らが若い頃渋沢から依頼されたのは、必ずしもその土地の歴史や民俗を溯《さかのぼ》る形で調べることではなく、同時代としての日々の暮らしの記録だった。しかし彼らはそこから自分の足元をみつめなおしていく作業の手ごたえを感じとり、それを継続していったのだと思う。漁民進藤松司もその一人だった。

日	茶	朝食	晝食	夕食	備考
2.12		9.35) 甘藷・大根汁〔豚〕	甘藷・朝の煖め汁	ソメン	二十日正月・シタ
.13		9) 甘藷・玉菜とソメンの汁	1) 甘藷・朝の煖汁	粥(蓬莱米)・生味噌	
.14		9) 飯・ソメン・大根煮付〔豚〕	1) 飯・朝のソメン・大根	甘藷・朝の大根	初命日
.15		8.30) 甘藷・玉菜汁〔豚〕	1.25) 甘藷・朝の煖め汁	8) 蘇鐵粥・生味噌	二十三夜待
.16		9.30) 甘藷・玉菜汁〔豚〕	1) 甘藷・朝の煖め汁	8) 粥(蓬莱米)・生味噌	
.17	5.35	9) 御飯・ソメン・豚(他家にて)	1) (他家にて)	8.30) 甘藷・大根汁	
.18		9) 甘藷・玉菜汁〔豚の脂〕	1) 黍の水羹	8.30) 甘藷・朝の煖め汁	
.19	5.30	9.30) 甘藷・玉菜汁〔豚〕	1.30) 甘藷・朝の煖め汁		
.20	6	甘藷・玉菜汁〔豚〕	1.30) 甘藷・朝の煖め汁		
.21	5.30	9.40) 甘藷・玉菜汁〔豚〕	1) 甘藷・朝の煖汁		
.22	5.35	9.50) 甘藷・人蔘〔豚の脂, 砂糖〕	1.30) 甘藷・玉菜とソメンの汁		
.23	6	9.40) 甘藷・大根汁〔種子油〕	1.10) 甘藷・朝の大根汁		
.24		10) 甘藷・大根汁〔種子油〕	1.30) 甘藷・生味噌		
.25		9.30) 甘藷・大根汁〔種子油〕	甘藷・朝の煖め汁		
.26	5.15	9.30) 甘藷・玉菜汁	甘藷・白豆腐三丁		
.27		9) 甘藷・玉菜汁〔雑魚〕	0.40) 甘藷・朝の汁		
.28		甘藷・玉菜汁	1.30) 甘藷・生味噌		
.29	5.35	9.35) 甘藷・大根汁〔雑魚〕	1〕 甘藷・朝の大根汁		

二月十二日〔一月二十日〕

○午前九時三十五分朝御飯。大根汁(味噌汁)と唐芋(甘藷)、汁には、豚肉が二切入つてをつた。天氣が良い。

○お母さん達は一號組貯金組合の集りがあるといふので、色々役員の接待法なんか協議があるとの事で、直助兄(貯金組合役員)の家へ出かけて行く。

○元は今日は二十日のシク(節句)をする日だつたが、二三年前村中(阿傳部落中)で經濟上禁じられて、近頃はやめてある。然し子供達は内々シクをする。

○晝飯は大根汁を温めてハンスー(甘藷)と食べてゐたら、お母さんが協議して歸つて來た。役員二人の方には卵と蒲鉾(罐詰)で吸物を造つて、鰹の罐詰を皿にし、後は皆のソーメンを上げることに決定したとか仰言る。そして自分達は一人當りソーメン十七匁づゝ持合つて、今晩三十八人の人が直助兄の家でアスビ*(歌舞)をやるとの事である。

○夕飯は家でシクをするといふので、ソメン三百匁を醤油で煮て食べる。美味かつた。

図3　拵嘉一郎さんの食事日記(右下)と日々の献立表の一部

これは昭和11年のもの.『喜界島農家食事日誌』より. 本文参照.

私は、居を移した都市からJR（当時は国鉄）の呉線《くれせん》に乗り、安芸津駅で降り、よく進藤さんをたずね話をうかがった。その頃――晩年になるのだが――進藤さんは体をこわされ漁をやめ、近くの会社の夜勤の守衛をされていた。そのため私も泊めていただくことは少なかった。半日ほど話をうかがい、また帰った。その後私は帰京したが、それからも七、八回ほど安芸津に足をはこんだ。私が魅せられるように話をうかがった数少ない方の一人になる。通算して四〇回近く安芸津の路地に通ったことになる。

あたりまえのことの記述から

やがて私はその聞き書きを加える形で進藤さんの書かれたものを編集し、彼の二冊目の生活誌として刊行することができたのだが、私がとりまとめた聞き書きの中間報告を読んだ進藤さんが開口一番、「いやア、私の聞き書きはおもしろいもんですなあ」と言われたのには私も思わず笑ってしまった。あまりにも素直な進藤さんの反応がほほえましかったこともあったのだが、自分の暮らしを支えている事象をそのまま記述し、そのことで己の暮らしを見つめなおしていこうとしている人々に対してさえも、第三者が聞き書きをすることの意味がそこに存在したようにも思ったからである。

路地の風息を知覚することは、進藤さんにとってはあたりまえすぎるほどあたりまえのことであろう。けれどもそれが私にとって驚きとなるのなら、あたりまえのことをあたりまえのこととして支えているものを見つけ、その意味を探る作業に進藤さんとは別のスタンスで私も切りこむことができるのだろう。その時そう感じたからである。

けれども、ではどこまでそうした世界に立ち入ることができるものなのか、ここでこの章の冒頭でふれた問いにもどることになる。

漁民の語彙

「漁民が使う言葉に直接漁にかかわる言葉がチョクチョク出てくる」と進藤さんは書かれている。この文章だけではその真意が伝わりにくい。漁民であれば漁に関わる言葉を使うのはあたりまえではないのか、そう思ってしまう表現である。

この文章について少しふれてみたい。進藤さんはつづいてその例として順不同に九つの名詞、動詞を列記している。名詞としては、かん、おもわく、てだて、てごたえ、てかげんがあげられ、動詞としては、あしらう、あやつる、なじむ、こなしていくの四つがあげられている。そうしてそのいくつかの語については文の中で説明をかね、派生的な用法も含めて示されている。たとえば、

漁師の仕事は小さい時から漁に慣れることでまた海を見て潮のかげん《動き》を覚

えることにあった。端的にいえば、海に「なじむ」ことである。「海になじむ」ことは「漁になじむ」ことになる。「なじむ」ということは好きになる、また心から溶け合う、ことであると思う。

安芸津（三津）の中で「一と網打てば七浦響く」と教えた諺がある。魚の敏感なる性質《きが》を表現したものであろう。また潮流《しおいき》のかげん《緩急》を、しかと見きわめることの適確さが漁師の第一の条件でもある。潮流の見込み違いによって老練の大船頭が失敗することもある。「海の魚は潮でころせ」とはこの勘《かん》どころを指している。

かつて春のボラ網は、見張り台の上の采取り《さいとり》が、海上の網船に合図をおくり網入れや船の動きのタイミングを知らせていたが（図4参照）、

鯔《ぼら》は回遊魚で上《かみ》から《東》泳ぎながら下《しも》へと下《くだ》ってゆく。先見役も中座役も鯔を見ると直ちに采取りさんに魚の位置を告げる。采取りは魚の位置を知ると、網までの距離を煙管《きせる》を右手の指に撮《つま》み横にして腕一パイ前につき出して計る。魚が見えて網に入るときは、采取りさんも余り心配はない。煙管の長さの計った数と、直ちに煙管に「刻みたばこ」を指にて摘んで詰め、ユックリ吸いホクを掌に置き、また摘んでホク

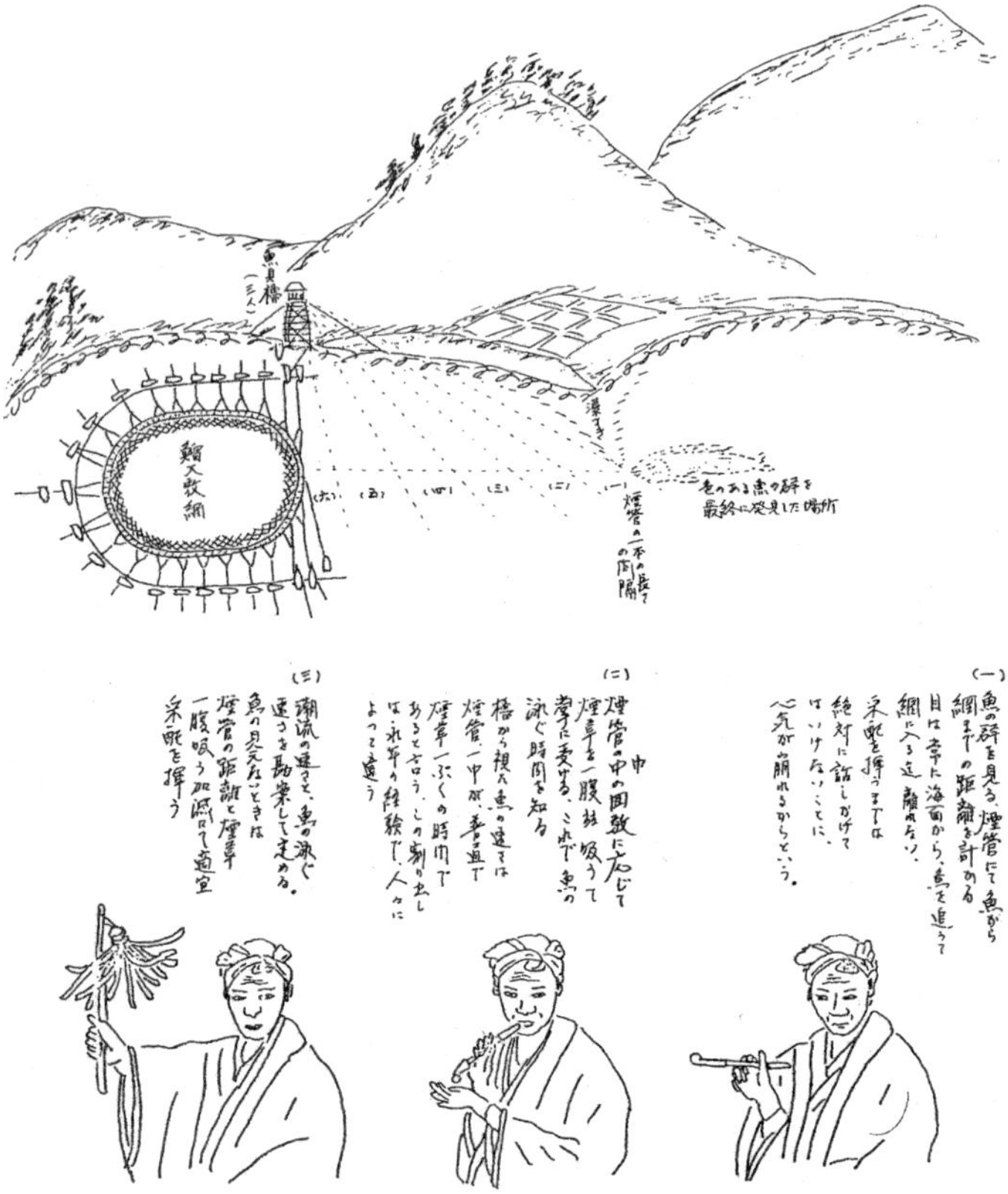

図 4　ボラ網の様子（進藤さんのスケッチから）
上図は魚見櫓と網，下図は魚見櫓で指図をする采取りの説明.

の火を移して吸う。この煙草を吸うた回数と煙管で計った距離の数を按配し潮流を、「あしらう」て魚の泳ぐ速さを知るのであった。

煙管を使う方法は鰡の泳ぎが見えて網の中に入るときを普段に毎度の経験から、潮流の速さ、鰡の泳ぐ速さや魚の群の大小などに依ての違いの関係を「あしらう」《加減》て、按配していたのであったという。

鰡の群が海面から深く潜って見えないときに「かん」で適当に「あしらう」のであった。

起点を示すことで

これらの文はそこだけを読む限りでは単に漁民の語彙《ごい》の説明がなされているようにみえるのだが、その書かれた記録を読み、また何十時間と進藤さんの話をうかがっていくと、これらの語は問わず語りに姿をあらわしてきた漁民の専門用語《テクニカル・ターム》であることがあきらかになってくる。具象的な語が集まり煮詰められて生まれたひとつ上の次元の言葉が通常の専門用語だとすれば、ここでの専門用語とは漁民の諸動作の中をつらぬいて核のように存在する、ある共有概念ということになろう。一人前の漁民であれば、この語のレベルで言葉をかわした。

潮行きの読みをはずした漁師に別の漁師が声をかける。「てかげんちがえたかの」「ちいと早かったわいや」「わからんかったかの」「そう言ゃあこの年は（潮行きが）おそいのお」、それだけで二人ともその場の状況を的確につかみ、伝えあっている。時には目だけでそうした会話を交しているのだが、それがその場での自然なあいさつであり、相手の腕の値踏みでもあり、次の対応へと移る確認でもある。その時に他ではおきかえがきかず、なお諸状況を束ねて表現し得る言葉のひとつが「てかげん」になる。

もちろんこうした時の具体性は、ひとつひとつの状況に応じて第三者に説明することができる。また第三者もその限りにおいて書きとどめることはできる。けれどもそうした各論的な説明が不要なレベルが漁民の言葉の世界である。その語が束ねている個別的な状況を稼ぎとして体験し、それに対応する技術を会得し、それらを束ねる語のレベルで暗黙のうちに具体性を把握、指摘して意思疎通をし得るようになるプロセスが一人前の漁師になってゆく時間になろう。それらの言葉は多様な場面に使われる柔軟さをもつが、しかし同時に核としての意味はゆるぎなく存在している。積みあげられた進藤さんの原稿をよみ、また進藤さんの話をきいていれば、どのような言葉がそれを背負っているものなのかが、漁を語る膨大な語群の海の中で島のように浮かびあがってくる。

こうした言葉は、前にあげた九語以外にいく例もある。その多くは漁民以外の人々もごくふつうに日常会話の中で使っているものばかりである。語としては必ずしも直接漁に関わる言葉などではないのだが、それらは漁の場でまったく違う厚みや有効性をもって使われ、それがそのままその土地の漁のあり方を示している。三津の漁民は、日常語の中から自分達の状況を示す言葉を選びぬき、しぼりこんで使ってきた。「記録する漁民」である進藤さんだからそれを敏感に感じとり、リストアップしていったのだろうが、一旦そうした語の存在を知ると、積みあげられている進藤さんの原稿の中や彼の話す表現の中からそれらの語が立ちあがってくる。

技と感覚とが主体となる時間と場において、言葉間の相関関係においてもまた技と言葉との位相においても、言葉は自らそのすわりどころを得ている。それを鮮やかな形で気づかせてもらったことが、私が進藤さんとの出会いで受けた大きな恩恵のひとつになる。

それで生きてきたもの

進藤さんの言葉には、前置きや飾りがなかった。前に引用した文章のぶっきらぼうさからもそれがうかがえよう。たとえ三〇分ほどの会話でもその内容は張りつめていて力強かった。彼の描いた一枚の絵を目の前に置くと、彼の口から漁の話がとめどなく広がった。

前述した『広島県史　民俗編』の打合せ会の席で、宮本常一と進藤さんとの間で、こんなやりとりがあった。

進藤「宮本先生、『民俗』というのは別の言葉で言うと古くから伝わってきたもの、ということですな。」

宮本「そうなんですがね、ひとつ条件がつくんですよ。自分はそれで生きてきた、という。」

進藤さんのまわりには、「自分はそれで生きてきた」以外の「古くから伝わってきたもの」などひとかけらもなかった。そのことはもちろん宮本は熟知していたはずである。この答えは、その場の他の人達に対してのメッセージであり確認であったように思う。

たしかに進藤さんの言葉には前置きがなく力強い。けれども彼が書くまでもないとして省略した前置きのなかにも、彼を支えている技や感覚があたりまえのような顔をして存在している。だとすれば「素人」はまずそこから追いかけてみよう。それがその頃の私の足場になった。技を使う人びとが明確には意識してはいない技の世界における言葉の位相、それへのアプローチへの希望は、「路地の風息」の驚きへとつながってゆく。

まもなく進藤さんは逝った。到達する場所を示すのではなく、進んでゆく方向性を示しながら鬼籍に入られた。宮本常一もそうだったように思う。立ちもどり、足元を確認し、そしてまた動き出す。そんなスターティング・オーバーの場所だけは与えられたように思う。

そしてそのことも私にとって聞き書きという作業が内包する意味のひとつになる。

雑談の中の勢い

民俗誌第二章

土佐山中の永野茂友さんという古老のもとに通い、彼の言葉を浴びるように聞き、その話に構成の三分の一弱ほどを頼って民俗誌を書いた旨のことを前章でふれた。私はその民俗誌の副題を「民俗誌序章」とした。これはひとつには、これでやっとそのむらについての「各論」が書けるということを指すのだが、もうひとつ、その民俗誌が、私にとって古老といえる年齢の方がふり返ってみた過去の暮らしであるのに対し、いわば第二章として、次に私と同世代の人間が現在からふり返ってみえる過去をもとにした形での民俗誌が書けないだろうか、そんな希望をもっていたからでもある。

伝統的な共同体のあり方や伝承文化を探るという姿勢がある以上、民俗学の聞き書きは多くはお年寄りを訪れることから始まるのだが、聞き書きとはお年寄りから聞くばかりのものでもないだろう、お年寄りから聞いた話を序章として次は自分と同世代の人達からの聞き書きを軸に据えて書いてみたい、そう思い始めていた。

そう思い始めたのは、私が四十歳代半ばを越えた頃からであり、まず相応に年をくったということがあげられる。同世代やそれより少し若い世代からの聞き書きがおもしろくなってきてもいた頃である。そしてまた茂友さんが亡くなられた頃から、私は長崎県五島列島のひとつの島の海人《あま》のむらに調査に入り、主に私と同世代の人達からの聞き書きを行なっていたからでもある。特に最初からそのことを意識していたわけではないのだが、ある程度年季を積んだ現役の海人の人達、というとその世代の人達になるし、フィールド・ワークとは、半ばその時代そのものを対象とすることでもあろう。だとすれば私がたまたま同世代の人達の話を聞くようになったとしても、それはごく自然なひとつのなりゆきでもある。

朝日を背負って

このむらの海人漁は夏のほぼ二ヵ月弱が漁期になる（この稿を書いている年は資源枯渇のため一ヵ月ほどに短縮されたが）。

朝七時少し前、むらのエビス様の前に海人の人達が集まり、その日の天気や風の具合をみて出漁するかどうかを話しあう。

時化《しけ》そうでその日の出漁がないということになると、話し声は心なしか大きくなる。どこかで気持ちの張りがゆるむのだろう。そんな時でもすぐに人の輪はほどけない。ひとしきり漁の話や世間話をしたあとで、各々は家にもどってゆく。

出漁と決まれば、海人はすぐに家にもどりウェットスーツに着かえる。午前七時が出漁である。

船の船頭）はすぐに船に乗りこみ、エンジンを点検し船内を整える。トモオシ（海人

南に海を望むこのむらは、船だまりから西にぐっと波止《はと》が突きだしている。主な漁場は東の方向になる。エンジンをふかした三、四ヒロの海人船《あまぶね》が十数ハイ、まず西に向かい波止の突端をまわり次に東へ直に向かう。朝日を背負っていっせいに船が出発し、ターンすると朝日に向かって外海を一気に駆けてゆく。

私はそれを波止からみおくることもあり、海人船に乗せてもらって漁場に向かい、時には海に入って――といっても潜る早さも深さもとてもかなうものではないのだが――鮑《あわび》を採る様子を見せてもらうこともある。

海人漁は午後四時にはおわる。波止にもどると、まずその入口の漁協に船を横づけし、

その日の漁獲物を揚げ、計測後伝票をもらい、自分の船だまりにもどる。海水で船を洗った後に船から降り、家でシャワーをあびると、海人の男達はまた三々五々エビス様のまわりに集まり、あるいは談笑しあるいはじっと海を眺める。

そのそばでそうした空気に浸るのは、私が最も好きな時間のひとつになる。

波止のエビス様の前で

「(岩の穴の)奥のアワビは見えても、手前のアワビは見えんとですもんね。穴の先の方にすわっとるとは見ゆるとですよ。手前の(自分の)片手をつくとこにあるとは見えんとです。アワビがべたっと四つならんどって二つしか気がつかんで、三つ並んどってどうかすると、両端の採ってまんなか気づかんで残すことあるですね。おかしなもんですよ。」

駆け出しの海人の言葉ではない。ある年には一人で二ヵ月ほどの漁期に二トン近くの鮑を水揚げし、その翌年には無理が過ぎて潜水病になったほどの働き盛りの人の言葉である。彼の言葉をもう少しつづけてみよう。

「調子よか時は、たいがいアワビの場所は見つける前にわかるですもんね。勘ちうか何ちうか。(海中に)降りたときは『あの瀬におるぞ』。自分がほかのほうに行きとうてもアワビに引っぱられて自然にアワビの方に行くごとあるですもんね。降りてすーといきゃアワビがおる、ちうごとあるですもんね。

朝一回（ひとシオ、通常二時間ほど）入って採れんときは、それからどこ入っても気があせってくるでしょ。アワビはとれん、気はあせる。ふだんはそこにおって採れるアワビでも、そげん時にはもう目に入っとらんですね。気ばっかり先いって、そこにもおらん、あっこにもおらん。」

「自分の入ったあと、自分が、ま（もう）一遍みても絶対おらんです。きれいにおらん。ほかの人が見たらあると思うとですよ。自分の首のひねりかた、見かた、さがしかた、同じやろと思うですね。」

「海に入って、アワビがおって、腰のアワビカギとろうとおもたら船に忘れとった。あわててあがってトモオシに『アワビカギ忘れた』（笑い）。ボンヤリやのうて気が張って忘れるとですよ（笑）。海に飛びこんで（水中）メガネつけるとわすれとってあわてて『メガネ、メガネ』そんなじいちゃんもおるったい」（大笑）。

そんなじいちゃんの世代の一人が横でぽつんとつぶやく。

「深いとこ深いとこ行きよったときは楽しみじゃった。またおるじゃろと思て。海の透明度がいいと気合いが違うとです、入る時の。五ヒロが三ヒロに感じる。」

また話がかわる。

「海から出よる時にアワビば見つけることがようあるとですよ。やっぱ欲（を押さえきらん）であと返すんです。そいでイキをツメル（切る）んですよ。あがる時は（意識が）わからんごとなって、出てきたときは船の縁ばつかむらしかばって、また手はなして沈もって（沈んで）いくらしかもんですな。私も（そうして沈みよって）つかまえられたことがある。（気がついて）『やー大丈夫やったい』『うんにゃ沈もりかけたん、つかまえたっちゃ』。

海の上に出たら船の人が上から『オイオイオイオイ』おらぶですもん、そいで気がつく。船の上に（海人を）そぼくりあげて、胸さすって飲んじょる潮ば吐かして。（気がついて）『もうさすらんでよか』ちうたら『ならまいっぺん行ってこい』ち（だって）。海おそろしなって行こうごとなかですばってまた入って。それで一人前になっていくとですよ。」

「降りた時に見て、おっただけ（のアワビを）採るとはよかですばって、戻ろうとしてあと返って見つけて採る、あれが一番ようない。それで死んだ人おるとですよ。私ら中学生の頃、二、三回あった。それがどんなアワビかというと小さかアワビなんです。息がいっぱいで、あがらんで藻かぶって頭出しきらんで……。」

「海人が一〇人おったら一〇人、自分の息いっぱい潜るとですよ。けど、息ばこらえるだけこらえて採って、もう駄目ばいというとこまで採っても、これから上がるちうごとなったら、その息は必ずどっかにあるとですよ。」

海人船には船のオモテに小さな炉が切ってある。私がしばしばお世話になる海人の古老は海に入る前に、その炉の隅をさわり、その手で頭にさわり、海にとびこむ。そのことについてたずねてみると、

「よう採れるごと、事故のないごと、こうするとですたい。」

そのすぐ近くに住む壮年の海人は、

「私は海に入る前に、海の潮を手に汲んで、『エビスさん』て言いながらまわりにまくとです。私の父がそうしよったけん、私も父親の見まねでね。アワビカギで炉のふちば叩いて『ありがたい、ありがたい』ちうて海に入る人もおるし、アワビカギの先にキスをチュッチュッする人もおります。ありゃ人に見られんごとしよるね、恥ずかしかとやろね(笑)。」

「海から顔だしたら、海人は『ホイホイ』て言うとるでしょ。トモオシもそれにこたえて『ホイホイ』て言う。海面に出た者には、あれが力入るとですよ。海人が船べりにつか

図5　海人と海人船
夏の霧が洋上に広がるなかで．(長崎県五島列島)

まって海の底見ながら『（櫓を）押さえ！』て、言ったらトモオシも『押さえ！』て同じように言うとです。海人は船べりにつかまって下みたりしよるじゃけん、何も応えがないとこっちの言うたんが聞こえたとじゃろかち思うとですたい。こたえてくれたら気合いが入る。」

「海（面）にでたら声をあげれち言われよったですね、子供の頃から。そうせんと息切って沈むことあるち。それが船の上からじゃわからんち。」

現在は、両眼と鼻まですっぽりおさまる水中眼鏡で潜っているが、かつては水泳のゴーグルタイプのツボメガネと呼ばれるものを使っていた。

「何某のじいちゃん、ツボメガネで入っとって水圧の調節があわんで、海面に出たら目ん玉がとびだして、あわてて目ん玉押しこんだ。押さえたら入った。そんなことあったげなたい。私が十八の頃やった。」

「私ら、海人の漁がおわったらシビ（マグロ）釣りに出るとやが、釣りは下手の針に魚がかかるちうことはある。ばって海人はその人その人の力たい。水揚げ一〇番目の人が一番、二番になることは絶対なか。一番二番はそう変わらん。いくらがんばっても上手にならん人は一〇年たっても上手にならんですもんね。」

雑談に浸って

こうした会話のなかには、ついさきほどまで海に潜っていた海人達の余熱がある。たとえば海人の漁期がおわり、海人船が陸に引きあげられた季節に聞く海人話とは微妙にトーンが違う。聞き手の心を弾ませる力は漁繁期の会話の中にこそ存在する。しかも前述の会話の中には、この地の海人の暮らしのあり方を探っていくうえでの、いわば検索見出しが生のままに次々とあらわれている。

これまでいく度もふれた土佐山中の永野茂友さんとの時間は、その人ひとりの言葉を可能な限りその人の時間の中でつかまえようとした。茂友さんは当時、毎日野良仕事にたずさわっていたとはいえ、半ばは隠居の立場にいた。五島の島のエビス様の前の雑談は、働きざかりの壮年の人達が各々勝手に談論風発する場になる。

語るという行為は不思議なことだと思う。言葉のつながりや言葉に乗っている情報を伝えているのではなく、本質的にはその場のその時のその人の状況や心意が、本人に意識される以上の形で言葉に織りなされている。

土佐山中の駅で降り、茂友さんに会いに行くためにマイクロバスにのる。杉林が両側につづく道を奥へと向かう小さなバスである。私が降りるのは終点である。乗客は多い時で一〇人ほどであろうか。車窓からソバの白い花を見ながら、黙ってその乗客の会話に耳をかたむける時間が私は好きだった。

たとえば一九八四年、八月、盆がおわった頃。

「にぎやかな。にぎやかな。(子や孫が) 帰ってホッとした。九人おった。おォいよいよ(大変じゃったぞね)。」

「腰が痛いんよね。孫と遊びよりゃひとつも痛いないのに仕事しよりゃ痛い。腰が痛うはないかね。」

「おら、腰もすねも肩も痛い。」

「……ンなおらだけじゃきに、こらえないかんわね。」

同時期、台風の翌日。

「思うたほどのことはなかったわね。トウキビ (トウモロコシ) の葉が割けてしまうほどは吹いてないけんね。」

「畑のトマトが割れた。ハチノコ (蜂) が寄るけん川に捨てたぞね。」

この山間では、トウモロコシの葉が割けることが、風の強さを計るひとつの目安となっている。

あるいは一九八四年十一月上旬。

「あの柿ひとつも減らんが、ハクビシン（ジャコウネコ科）はおらんかい。」

「おりゃせんかの。柿に実がついたら食べに来るんじゃがの。」

「仁尾ヶ内《におがうち》（最奥部のむらの名）の方はエテ公が出て来ると。甘い柿をたいらげてしもうたと。」

運転手も話の輪に加わる。

「熊が出るとこわいがね。十四、五年ばァ前にバスで上《かみ》から出よって、この下の山のとこにおったがね。『ありゃ、ありゃ』言うて、みんなで見たぞね。田のそば歩いて山ン中入った。」

「川の水がないようになったのォ。」

「霜が降りたんかや、カライモ（サツマイモ）の葉もまっ黒になっとる。」

「二週間ばァ前、仁尾ヶ内はまっ白に降りとらあよ。」

「アメゴ（アマゴ、さけ科）が（川底を）掘りよるぞ。川が白うなっとる。」

「イダ（ウグイ、こい科）じゃろうかね。」

今このむらはどんな状態なのか、車窓の景色が何を教えてくれているのか、むこうからそれが耳にとびこんできてくれる。

またある年の二月中旬、バレンタインデーの翌日、マイクロバスに赤いコートを着た中学生の女の子が乗りこみ、運転手にチョコレートが入っているらしい紙包みを渡した。「ついでじゃけ、あげてみようかと思うてね。」運転手が答える。「おおきに、おおきに。きのう中学生が大きいんをもってきてくれてね」「食べた？」「はい」「おいしかった？」「はい」「今日はいつもの道、通れん？」「そお」「また崩れたん？」「そお」。

やがて四、五人の老人が乗りこんできた。「酒やめたんかい」「やめ始めたんじゃ」「酒屋がつぶれんかい」。

こうした会話のむこうに茂友さんとの時間があった。

土地に流れる時間

私は五島の海人のむらがある島が好きだ。フェリーがその島に着き、島の地面に一歩足をおろすと、島に流れている時間の中に自分がすっととけこむような気持ちになる。今回は何を聞き、何を調べなきゃ、といった事前の計画は頭のすみに追いやられ、島の時間や人々の会話の中に浸れさえすればいい、と、どこかその土地に身をゆだねている自分がいる。

バスの中で雑談に浸り、降りて山道を歩き、茂友さんのむらのとっつきの家が見えてきた時の心の弾み、海人の島におりたった時の解放感、そうしたことを思うと、調査する側と調査地との「相性」というものもたしかにあるんじゃないかと思う。それが調査をすすめていくうちに、いわば「後天的」に形成されたものだとしても。そうしてそうしたものの形成をさかのぼって記述することはできないにしても、その存在は認めておくべきだろう。そうした「相性」はフィールド・ノートの表現のどこかに、明確に反映してくることでもあるのだから。

早朝谷田を歩く

むらの拓かれ方を知るために、谷のむらの田一枚一枚を見て歩いていた時期があった。いや、今でもそうした歩き方をやめてるわけではないのだが、基盤整備の進展で田の形がすっかりあらたまり、以前ほどていねいに田を見て歩くことは少なくなった。

むらの田一枚単位の水利を調べるためには、まずそのむらの水利の概要を知っている人に話をうかがい、それから二五〇〇分の一の地図あるいは拡大コピーした航空写真を持って一枚一枚の水田を見、データを記入していく。これは同じところを年に二度行なう。一度は田植えがすんで一ヵ月たらずの頃で、田は水をかけ流していて水の動きが最もわかりやすく、また稲もそう伸びておらず田の様子が把握しやすい状態の時になる。もう一度は晩冬か早春の空田《からだ》を歩く。このときは田の中に入ることができ、夏に見おとしたところが

図６　田の呼称の調査から

広島県下での事例（拙稿「谷々の集落形態と定住様式」『国立歴史民俗博物館研究報告』第28集，平成２年所収より）．なお平場の田は基盤整備がすんでおり，図で示した呼称はそれ以前の田の呼称になる．

わかりやすく、草が枯れていて土手の石積みのようすなどもよく見ることができる。

田には一枚あるいは二、三枚単位で名がつけられていることも多い。とはいえその多くは耕作者の家とその近所数軒の家程度で通用しているにすぎない名前なのだが、その呼び名のなかにむらの歴史の痕跡が残っていることがある。そうした呼称やその田についての伝承も可能な限り聞き、土地所有と土地利用の変遷とあわせることでむらの開拓のあり方を見ていくことになる。

そのむらで田をつくって二〇年ほど経ている人がむらの田の一枚一枚すべての水の引き方を把握している場合もあり、五〇年近くつくっていても自分の田と家のまわりの田の水利しか目配りが届いていない人もいる。これはその人の資質や姿勢によろう。また一般的に女性は男性に比べて水利についての知識は疎い。水利とは戸主——多くは男——の世界で確認され維持されてきたものだからでもあろう。むらの水利や水路についてのむらのなかでの記憶のすわり具合は一様ではない。

そして水路に目配りがいきとどいている人に、その人の家の居間で地図や航空写真を広げて教えていただく時と、あぜ道を一緒に歩きながら教えていただく時の話の出方には大きな差があることが多い。「このあたりの田の名前は、まあこんなもんでしょう。田の石垣もこの谷のは新しく積んだのはなく、昔からのままですよ」と居間で話していた人が現場に来ると、次から次へと田の新しい呼称が口からほどけて出、また、「ここの石垣はおやじが築《っ》いたもんよ」といった展開になっていく。

話す、とはそうしたものだろう。人があることを話しそれを聞く、とはそうした状況を相手にすることでもある。

聞き書きという作業について、問題の所在を外からなぞる形で記述してみることにしたい、前にそう述べたのだが、では聞き書きをひとつの方法として考えようとした場合、その方法の核心的な部分や本質をどこまで概念としてあらわすことができるのだろうか。

その人が生まれ育った家の縁側に腰をかけ、その人が子供の頃にのぼって落ちた柿の木がある庭を目の前にして、彼のライフヒストリーを聞く時と、彼が老人ホームに入り、かつての環境から隔離された状態で人生をふり返ってもらうのとでは、話のほどけ方やほどけた後の広がり方や深みは違ってこよう。いずれもそこで語られる「事実」は変わらないにしても。

さきほどの水路調査に例をもどせば、むらの田植えがおわって半月余りの頃、朝五時すぎ頃からむらを歩くと、小さな谷のむらでも、七人も八人もの田の水のみまわりをしている人に会うことができる。そしてその場で一人一人の方から――仕事の邪魔にならないように――一五分ほど話を聞く。八人の方に聞けば二時間になる。田の水に関しての聞き書きについては、この時の二時間の話ほどきめこまかで正確で豊かなものはない。

そんな日々がつづく時は、私は昼前に宿にもどり昼食後二時間ほど昼寝をしている。朝私が話を聞いたおじさん達も、その頃各々家で昼寝をしている。

これほど寝覚めが気持ちのよい昼寝もない。

ある聞き書きの記録から

ショックでした

今から一〇年ほど前になるだろうか、たまたま会合で同席したある方が私に、「宮本常一の『土佐源氏』ってうそなんですって」、そう話しかけてこられた。つづいて「ショックです」と。

宮本の著作のなかで、おそらく最も知られているのは『忘れられた日本人』であろうが、この書のなかで最も注目されてきたのは「土佐源氏」になろう。

これは宮本が昭和十二年に高知県高岡郡檮原《ゆすはら》町で目の見えない老人から聞いたライフヒストリーをまとめたもので、最初は未来社から刊行されていた『民話』という「民話の会」の機関誌の十一号（昭和三十四年八月）に「年よりたち　5」として掲載された。聞き書きした時から二十余年を経て発表の場を得たことになる。この「源氏」とは『源氏物語』の「源氏」であることが、その内容の多くが女性遍歴であることからうかがえる。

そのなかにうそがあるという。おそらく山田一郎氏の『土佐うみやまの書《ふみ》』が刊行されて間もなくの頃だったから、その方はそれを読まれてのことだったのだろうかと思う。山田氏は檮原町で「土佐源氏」の追跡調査をされ、その老人の生涯が必ずしもすべてが彼本人が語るような人生でなかったこと、また晩年は橋のそばの水車小屋で訪れて来るだれかれに、おもしろおかしく広い世間を渡り歩いてきた体験や色ざんげや昔ばなしをして楽しんでおり、話は無類に上手で本当の話もあれば作り話も含まれていたことなどを、その老人の孫にあたる老人やむらの人たちから聞き、報告されている。その文章が前掲書に収められている。

その頃、私の身辺でもそのことが多少話題になった。反応ははっきりと二つにわかれた。ひとつは前述したある方と同種の反応。もうひとつはけげんそうな表情を浮かべて、「それでなに」「だからなんなの」といった感じのもの。

実は私自身は後者の立場だった。前者の反応「ショックです」という言葉に逆に意外な思いをもち身辺の数人にこのことを振ってみたほどだったから。

私がこの聞き書きの記録について知ったのは、宮本常一の教えを受けるようになって二年あまり経た時のことである。たしかに興味をもって読んだのだが、それ以上に私はフィールドでの彼の姿勢や方法に魅かれていた。「土佐源氏」を読んでそれをすべて事実として受けとることより、この記録をもとに坂本長利さんが独り芝居を創り、講談の悟道軒圓玉さんが素話《すばなし》にしたてる、といった、ひとつの聞き書きが第三者に語りこまれて芸へと昇華していくさまに興味をひかれていた。

宮本常一という人はジャーナリスティックな感性を持っていた人だった。ある特徴が集まっているところをすっとすくって表現にのせる形で強調することはあったのだが、調査記録を明らかな意図で作為して造るようなことはなかった。それは数十回彼のカバン持ちをして歩いた経験からも、また現在残されている調査ノートの緻密さからも、私はそう思っている。

土佐の山の中で目の見えない古老が、色ざんげを自分の世界を広げる形で宮本に語った。そこには話にはずみをつかせておもしろおかしくするために、作り話も含まれていたとする。その話の真偽をその時の宮本がどこまで見定めていたのかは、今になってはわからない。その老人の孫が年老いた時代に、過去にさかのぼっての聞き書きによる老人の追跡調査が、どの程度までの真偽を判断し得るのかがわからないと同様に。
けれどもその語る話のなかに一貫してその老人の人生観があらわれ、土佐山中で暮らしてきた人間の世界がひろがっていれば、まさにそれを語りのなかの文化として記録することはごく自然な行為のように思われる。

ここで私は「宮本常一論」をするつもりもなく、「土佐源氏論」を展開するつもりもない。聞き書きのもつある種の性格についてふれてみたいのだが、作り話が含まれていた故にショックを受けるとの発言を聞いて、逆に話の受けとり方の硬くまじめな姿勢に私は驚いた。尋問でもなければある状況の中での証言を求める場でもない形で話されたことを、すべて「真」として一点の「偽」もないと受けとらなければならないのだろうか。もちろんそうした視点での作業は成立するし、それが不要だというつもりもないのだが。

虚構から真実を撰りわけることが真実の理解への道であると考えることは、まるでオムレツを生卵に戻そうとするようなもので、かえって真実を蔽《おお》うことになる、最近読んだ本に引用されていたある神話学者のそんな言葉まで思い出してしまう。「ショックです」という言葉から私が感じたのはそうしたことだった。前にふれた「民俗学者は根性が悪い」との言葉はこうしたことにつながるのかもしれない。

人が人に話を聞くということは、まず、人が内に潜ませている不確定性をもそのまま受けとめてみる姿勢を抜きには行なえない行為であろう。その中にひとつの世界が存在することがあり得るなら。ではその世界は何を足場にして主張し得るのか。

記録する者として

実はこう書いてくると、聞き書きについての文章がまた複雑になってくるのかもしれない。正条植えが普及する以前、このむらの田植えはどのように行なっていたんだろうか。たとえばそうした問いに答えて古老が作り話をまじえおもしろおかしく話をした場合、それを資料としてどう受けとめるのか、そんな極端な問いも成立することになる。もとよりこうしたことは、あり得ることではあろうが、そう現実的ではない。とはいえ、話を聞く者はどこかに真偽を見きわめる眼を持つべく努力することは必要であろう。そのためには、その古老からより多くの話を聞き、またできるだけその地域の多くの人から話をうかがい、その膨大な話のなかから基準を考えていくしかない、と実に月並みなてだてを述べるほかはない。

これにつけ加えるとすれば、私の場合はその話が技術的な面で齟齬《そご》がないかということと、むらのなかでの社会経済的な権利や人間関係の面で矛盾する点がないかということを目安として話を受けとっている。これは私のうけたフィールド・ワークのトレーニングの三割ほどが聞き書きについてであり、三割が技術や生業について、そして残り四割が人文景観――人の意志や権利の土地への投影――についてだったことが大きい。とはいえここでもいわば私の個人的な関心のもとに聞き書きを見なおしていることになる。

しかし一方で、話を聞けば聞くほどにその真偽を計るものさしを相対化してもちつづけることを求められるように思う。でなければ真や偽という概念自体が平板なままにおわる。と、書いてきてもなお「あの『土佐源氏』の中にはうそがあるんだって」という声が追っかけてきそうな気がする。ある種の厳格さを求める問いに対し、同じ次元の厳格さでもって応じることがそう容易ではない以上は。

動きの中で

そしてこう書いてくると、すぐにいくつかのことが思い出される。

東京の多摩地区で聞き書き調査の手伝いをしていたことがある。そこで、ある古老が従軍中の思い出を語った。何年何月に中国のどこどこに上陸し、大変な激戦だった。そうした内容のことだった。たまたま彼の話をまとめたものを読んだすぐ近くの彼の友人――軍隊時代も彼とずっと一緒だった――は、この年月は間違っていると指摘した。戦後公刊された部隊記録を見てもその指摘は正しかったが、古老は自分の記憶に間違いはないと改めて語った。のちに記憶が合成されたのだろうか。なぜそう思うに至ったのかはわからない。彼にとっては事実より内面の真実がそうなのだろう。

ある芸人のライフヒストリーを聞きつづけていた知人が、その芸人は会うたびに違う内容の話をするとこぼしている、そんな話を耳にした。人前で自分をつくりあげ表現していくことが芸人の生き方ならば、そうしたことも皆無とはいえないかもしれない。その話を聞いてそんな感をもった。事実そのものを忠実に思い返し伝えようとすることと、彼の生の心意を直截《ちょくさい》に訴えようとすることとは常に同一とは限らない。

また、別の芸能研究者がこう話したことがある。

「昔の芸人さんの話を聞いていると、必ずでてくる話のパターンがあるんです。まだ自分が駆けだしで食うや食わずの頃、芸がうまくて稼ぎのいい先輩の芸人がカツ丼を食べている。よし自分も今に稼げるようになってあれを食べてやる、すきっ腹かかえつつそう思って芸に励んだ、そんなエピソードが軌を一にしたように話に出てきます。ただカツ丼のところがトンカツだったりカレーライス（かつてはしゃれた食べ物のひとつだった）だったりするんですが。どの人もどの人もこの話をするから、ほんとかな、エピソードの形も伝播《でんぱ》するんじゃないかなとも思うし、でも本当だとすれば、そうした情景って当時のその人の気持ちを最も伝えやすい形で多くの芸人さんの心に残っていったんだと思うけど、どうなんでしょうね。」

私の友人に村崎修二という猿まわしがいる。十数年前、彼の記録を本につくった。その頃の彼は上演の場でのカメラ撮影は禁じていたし、芸は強い緊張感を発していて、言葉と動きに一種の張りがあった。そうして芸の場での口上であれ舞台裏での話であれ、テープをおこすと一語一語、一文一文が独立しておりメッセージが明確で、ほとんど手直しをする隙間はなかった。最近また芸の場での彼の口上を記録し、また別に彼の話を聞き、それをテープからおこした。言葉も文もぐちゃぐちゃであり、三度朱を入れてやっと読めるものになった。しかし彼の芸は今のほうがはるかに心に沁みるものになっていた。文章におこすと、それはすっぽりと抜けていた。すっかり冷えてしまった焼印の跡だけが枯れてそこに残っているように。芸が文字を抜けがらにして紙面から昇華していったのだろう。その芸の場に参加していた者だけが昇華したなにかを受けとめていたことになる。

芸の本質とはそうしたものだろう。言ってみればそれだけのことになるのだが、話を記録するということはそうした厄介さに向きあうことでもある。

一人としての語りを一人として聞く

本章の冒頭に引用した「舌は頭の知らないことをしゃべる」というロシアの諺――以前どこかで立ち読みした本の中で見たのだが――は、頭が認識していない次元での己の姿を自分の舌先は紡ぎ出してしまう、そんな寓意が含まれているように思う。語るということは本人自身が明確には意識していなかった心の底のうねりが形となり広がっていくことでもある。そしてそれは一旦口をついて出ると、確固たる存在に変わることもあり得る。

私がこれまで述べてきたことのなかには、いくつもの隙や矛盾点が存在していよう。聞き書きという作業をきっちりとした枠組みのなかにおさめるつもりではなく、その作業に関わっている者の一人として、それがいかに曖昧で流動的な対象に向きあっているかを述べたい文章である以上、矛盾を解決してすすむのではなくむしろそれをそのままにして次々と並べる形で文をすすめてきた。

そうしてブーメランのように話がひとまわりしてもとにもどってきた。

聞き書きの作業とは一人の人間が一人の人間に話を聞き、それを記録する。そうした作業が最も基本的なもののように私は思っている。基本的、とはその方法の有効性も矛盾も明確にそこにあらわれるという意味において。

たとえば公民館などに、むらのお年寄りに集まってもらい、かつての暮らしを語りあっていただくといった光景を、村落調査の場で時折目にすることがある。そこでは互いに記憶を触発し合い、確認し合ってにぎやかな場となる。より深く豊かに記憶が掘りおこされ、また同時に調査の趣旨を確認していただくという点で、こうした方法の有効性を認めるのだが、逆に話題が断片的なままにあちこちに移り、また声の大きな人が多く話すことで時が流れることにもなる。それだけでは一人が一人に向かう時にあらわれる聞き書きという作業の深みは出て来にくいように感じている。そうした場が次にその一人一人に話をうかがうための前段階としてあるのならば、さらに豊かな聞き書きができるように思う。これは私がほとんど対一人の聞き書きを行なってきたため感じるのかもしれないのだが。

だとすればさらに具体的な聞き書きのノウハウ、たとえばテープレコーダーを使うことの是非や使う場合の留意点、そのとりまとめ法、といったことはその時その時の話し手と聞き手との関係性や聞き手の問題意識に応じて決められなされればよいことで、本書では特にとりあげていない。

ある人から話を聞いた者が、次にはそれを記録する形で伝承者としての立場を持つことになる。だとすれば、その作業のなかに含まれている豊かさも楽しさもつらさも怖さも納得ずくのうえで、聞いた者は書きしるしていくしかない。同時にそこに存在する問題を見える限り明記していくことも要求されよう。この書は私のそうした覚え書きということにもなる。

フィールド・ノートの余白に

まとめにかえて

ルイアームストロングは、現実にはそうでなかったことも、細かい点までくっきりと、鮮やかな出来事として、回想するのが好きだった。

（アル・ローズ『アイ リメンバー ジャズ』）

報告書の行間に

問いという形のこだわり

フィールドを歩いて報告書をまとめて、まとめてはまた歩いてそしてまた書いて、といった行為をくり返していると、頭のどこかに、あれは何なのだろう、あのことはどう考えていけばいいんだろうと、少しずつ積み重なり、自己主張をし始めるある種の疑問が生まれてくる。

その疑問が解けなくても、とりあえずの「報告書」は書くことができる。それだけにその問いは、そこで答えを出すための問いとしてではなく、漠然とした存在の問いとして頭の中に堆積し、時折ほどけ広がる。

たとえばプラットホームで電車を待っている時に、あるいは試験監督をしている教室でその静けさの中に身をおいている時に、ふっと頭の中に湧いてくるのはそうした問いであり、その意味では半ば無意識のうちに頭の中で反芻《はんすう》しているのだろう。だとすれば結構深いところでこの問いにとらわれているんだろうなと思うし、問いというよりも問いという形のこだわりと表現したほうがいいのかもしれないとも思う。とはいえそれが他の方々にとってどの程度の意味をもつものなのかはわからない。

「個」からの情景

ただ、そんな奇妙なこだわりを私が飼いつづけているということのひとつの理由に、これまで私が多くの人々のライフヒストリーを聞く形で聞き書きをつづけてきたことが関わっているように思う。最初の章でふれたように、人が話すのはどんなに昔のことでも「彼の今」についてである。そこでは昔と今とは常にいれかわり、巧妙にないまぜになりその交錯のさまの中に彼のアイデンティティが成立する。その交錯の中に浮かびあがることがらや情景に、妙に気持ちがひかれるからである。

人間の文化を考える研究ジャンル自体、そのときそのときの「今」という時代を生きていくために、過去をどう把握したらよいかのみを求めつづけてきた人間の営為であろう。どれほどのことがどう「実証」されたかという以上に、そうした問いへの衝動の積み重ね自体がその根源的な生命力になる。

そうした発想を「個」のレベルに還元していくことは、問題自体の成立基盤をあやうくすることかもしれない。そんなふうにも思うのだが、とりあえずこの章では、そうしたいわば報告書の文章の行間のつぶやき、とでもいったまとまらぬことをつらねることで本書をまとめていくしかない。

むらと生産組合

破産したむら

私が今通っている奥能登に、むら全体をひとつの生産組合としていたむらがある。組合の設立は明治四十二年のことであり、これはその後一〇年余りで破綻するに至った。現在その当事者はすべて亡くなっており、一切の書類は処分されていて、幼少時のかすかな記憶か親の世代からの伝聞によってしかその実態を知ることができない。

かつてこのむらは、地主と小作との階層関係が明確なところであった。戸数九〇戸ほどの家がつくる耕地の多くは七、八人の地主によって占められており、むら寄合いは地主が座敷にすわり、自作兼小作は次の居間に、小作はさらにその下の板の間に詰めるという形ですすめられていた。夏祭りに出すキリコ（担いでねり歩く大きな御神燈。図7参照）は、地主と彼を頼る小作の家々の集団——これをクミと言った——で各々一台出し、むらうちをねり歩いた。

こう書いてくると、開墾地主とそれに従う人々が集まって成ったような趣のむらでもあるのだが、そのことを述べることがこの節の主題ではないため、ここではふれない。

その地主達のなかで、特に大きく、またむらびとから頼られている家があった。ここではそれをA家としておこう。そのA家は屋敷の周囲に土塁をめぐらし、藩政時代には二〇人ほどの奉公人をおき、田植えには五〇人の早乙女《さおとめ》を頼み、近郷の人達が見物に来たほどだったという。

同家の現戸主は昭和のはじめの生まれであり、彼と彼の家の小作だったむらの古老——生きておられれば百歳を越す——の会話を録音したテープが残っているのだが、その中に「世が世なればあんた（現戸主を指す）と話ができるが、昔やとA様とは話もできん」という古老の表現がある。

そうした社会構造をもつむらだった。

前述したように、このむらはむらぐるみで生産組合として組織化された。地主達の主導

図7　奥能登の夏祭りのキリコ

のもとに、地主も小作人も組合の株をもち、その構成員となった。むらうちに生産組合が成立していくという動き自体は、どこにでもみられたというほどではないにしても、おそらくこの時期、全国的にみればそうめずらしいことではなかったと思われる。

この組合は証券を発行し、蒸気機関を利用した製材所を設けて製材業を行ない、縄や莚《むしろ》などの農間副業の製品の製造販売を計画的に行なうべく動き始めたが、経営が杜撰《ずさん》なため大正八年に破産するに至る。あとには当時の金で二万三〇〇〇円という膨大な借金が残された。組合は、組合員が無限責任を負う形をとっていた。それが破産したということは実質的にこのむら全体が破産したことを意味する。

やがて裁判所の差押え執行官が家々をまわった。どの家も所有株の多寡にかかわらず資力の及ぶ限り借財を支払うことになり、執行官の持参した書類に印を押した。捺印を頑強に拒んだごくわずかの家のみが難をのがれたが、ほとんどの家は、耕地、家屋、家財に至るまですべて差押えられたことになる。おそらく生産組合をつくったことでこれほどのダメージを被ったむらはまれであろう。

「箪笥《たんす》から長持、時計、牛馬まで、みんな差押えられて、取られるものはみな取られたんです。その時、むらの者はみな泣いたんや。私がものごころついた頃、オヤジ連中（地主達を指す）が泣いて歩いとったんを覚えとります。私の父が『これで全財産なくなった』と言うて、権利書をもってきてパタッと置いたことを覚えとります。」

A家の現戸主の話である。その数年後、この父親は亡くなった。

その後日談などもここでは省きたい。現在このむらは、奥能登の山の中腹に棚田が広がるおだやかな、またありふれたむらとしてその貌《かお》を見せている。

時代の足音

明治後半にこのA家から出た人が、近くの漁村で漁業協同組合の設立をはたらきかけ成功させている。そのことがひとつの刺激となり、むらに生産組合が導入されたらしいという。地主主導で起こされたこととはいえ、その地主達もむらのためによかれと思い生産組合というシステムを検討し、設立にむけて動いたはずである。その人達は、生産組合という組織をどのようなイメージでとらえ、どう受けいれようとしたのだろうか。そこで現実的に一歩足を踏み出そうという判断は、どんな手ごたえによって支えられていたのだろうか。

このむらのことを思うたびに、まず私はそう考える。それにしても、「生産組合」とはこのむらにとって何だったのだろうか、と。

むらの人達が、従来のむらの社会組織のなかには存在しなかった新しい発想をその概念のなかに発見し、その発想を支える新しい社会に期待し、そこに希望と可能性とをみたであろうことは想像にかたくない。たとえ濃厚な地主小作関係のもとでの導入であったにしても、新しい「時代」への期待がそこに存在していたはずである。その「時代」とはどのようなものに見えたのだろうか。また何だったのだろうか。

私がしばしば頭の中で反芻《はんすう》する問いとは、たとえばそうしたことになる。

そうしてそこから手前勝手な連想が始まる。

変化の予兆

売り切れる商品

　ここで記述が私事にわたることをお許し願いたい。私が高校一、二年の頃——これも記憶が曖昧で申し訳ないのだが——夕食のときに父親がふと箸をとめて、「おかしな時代だ、今は。こんなおかしな時代は初めてだ」とつぶやいたことを覚えている。

　私の父親はその当時、ある繊維会社の下請け工場に勤めていた。彼が言うのはこういうことだった。

　その工場では、少し前に新しい紡績機械に替えた。それは従来のものに比べると二倍の効率を持つ機械だという。台数は従来のものと同じ数だけ揃えたため、生産量は二倍になった。その数ヵ月後、その台数をさらに二倍に増やした。生産量は半年たらずのうちに当初の二乗倍、四倍になったことになる。

「それがみごとに全部捌《さば》ける。作るのが間にあわないくらいに売り切れる。おかしな時代だ。」

それが彼が首をかしげていた理由になる。その工場の工場長であった彼にとっては、まずなによりも慶賀すべき事態なのだが、それ以上にこの動きを、不思議さ、おかしさとして受けとめ戸惑っていた。

のちに「高度成長時代」と称される時代の勢いが、彼の工場のほんの戸口のところまで来ていた時期の話になる。下請けの工場の長として、彼はどんなふうにそれを感じていたのだろうか、そう思う。

彼についてはこれまでいく度かふれているのだが、少し補足をしておきたい。

戦中派の人生

彼が生まれたのは大正十一年である。この世代の他の人達と同じように、彼も激しい時代を生きぬいてきた一人になる。

彼は大学在学中に学徒出陣で海軍の航空隊に入り、特攻隊要員として基地を転々としたが、ある基地への赴任を命ぜられた折、その途中風邪による発熱のため着任が数日おくれた。その証明書が軍医のものでなく、赴任途中に立ち寄った一般開業医のものだったために軍務に空白期間が生じたとされ、基地からそのまま横須賀にまわされ、戦時逃亡罪で軍法会議にかけられ思想犯の獄に収監された。やがてそこを出ると再び基地にまわされ、いくつもの偶然のつみかさなりの結果生きのびる。大分の宇佐八幡宮――彼のいた基地はこの神社のちかくにあった――の戦死者名簿の中には彼の名が記されており、郷里にも戦死の知らせが届いていたというから、どれほどきわどい偶然によって彼が生きのび得たかがうかがえる。

敗戦後、彼は大学に復学、一旦役人としての就職を決めたが、海軍時代にかいまみた官僚的世界をきらい、結局は北九州の中小炭鉱を束ねる会社に就職することになる。その社長は親類筋にあたり、早い時期に両親を亡くした彼の学費の一部を援助してくれた人間でもあった。

昭和二十二年、片山内閣の時に、炭鉱を国家の管理下におくための法案が審議され、多くの炭鉱《やま》主はこれに反対して国会議員への贈賄活動を行なった。彼の仕事に、現金を受けとりに来る使い走りの若手代議士に札束を渡すことが加わった。東京神田の高級旅館の十二畳の奥の間に、五、六十センチの高さで部屋一面にぎっしりと並べられた百円札の束を、少しずつ手わたしていった。その使い走りの代議士の名を田中角栄といった。

それから一〇年ほどで石炭の斜陽化の時代がおとずれ、彼はその会社を辞め繊維会社に転職、上京することになる。

時代を回顧するテレビの番組であれば、「ひたすらに生き抜き、また生かされた時代」とでもタイトルを付すような人生の時をもったことになるが、それが多かれ少なかれこの世代の人達の人生だったのだろう。

そうした時代を生きてきた彼が、まず違和感をもって受けとめたのが、「高度成長時代」の訪れだったということになる。あの時、ふとつぶやいた「おかしな時代」という言葉は、今も私の中にこだわりとして残っている。

いや、正確に言えば、私はフィールド・ワークの折々で、そういえばあの時おやじはそう言っていたな、と思い返していく度も記憶を確認したことになる。

原初の姿

明治初期から平成にかけての一世紀余の時の流れの中に大きな節目をみるとすれば、いうまでもなくそれは昭和二十年八月が上げられよう。国家としての体制も、社会経済的な構造もそこを境として大きな変動をみるに至ることになるのだから。

けれども、一般の人びとの生活の中の価値観や生きる姿勢のあり方についてみると、いわゆる高度成長期を境としてその前と後ほどの大きな変化はなかったように思う。この前と後の変わり方に比べれば、高度成長期以前の戦後と昭和初期とは意外につながっているのではないだろうか。現代の日本の生活感覚の上での最も大きな世代的なギャップは、まず何よりも高度成長期以前の日本を——幼少期の体験としてであれ——知っている世代と知らない世代との間に存在しているように思うからである。それはこれまでむらを歩き聞き書きを行なってきた私の実感でもある。

そう思う時、私は自分の父親のつぶやきを思い出す。知っていたはずだけれど忘れていた彼の言葉を改めて呼びおこして確認し、そこに私は自分の調査体験を通じてある意味を付与し、反芻《はんすう》することになる。

それにしても、一個人としての彼の中に、ひとつの時代の訪れはどんなふうにみえていたのだろうか、と。のちに「時代」とか「類型」といった概念でもっともらしく規定されるに至るものの原初的な姿、それも一個人の視界にその断片としてあらわれてくる姿をどう受けとっていたのだろうか、と。

等身大の人間をとりまいているのは、そのほとんどが日常的な実務や雑事の混沌とした連続である。その中から、ある時ふと気になる動きが姿をあらわし、その人の中にこだわりを残す。それはどんなにささやかな動きであれ、それはたしかにあそこから始まった、とのちにふり返って位置づけられるある流れの起点としての痕跡を残していく。そんなできごとがある。

こう書いてくると、これは前節で述べた奥能登の「生産組合」への問いかけにもつながっていく。

いや、あまりにも鮮やかに登場しすぎて、その場にいた者が咀嚼《そしゃく》できない「時代」のあらわれ方もあったのだと思う。

むらと造船所

これももう二〇年余り前のことになるのだが、広島県のある島の段畑の畔《あぜ》にこしかけて、そのむらの古老から聞いた話を思い出す。その畑は西に向いており、そこからすぐ下手に造船所の諸施設を望むことができた。

この地は藩政期から、地場産業のひとつに船造りがあげられており、俗に「船場」と称される船大工を抱えた造船業者がいた。とはいえ浜の船場をかこむように塩田も広がり、背後の段畑には芋と麦が作られ、また漁業も行なわれており、いわば当時の瀬戸内海ののどこにでも見られるむらのひとつだったにすぎない。

明治以降、船造りの規模は多少大きくなり、地元の人の手によりつづけられていたのだが、日露戦争が終わると不況にみまわれ、そうした産業は下火になっていった。そこに大阪から資本が進出して造船所をつくった。つくられたのは造船所だけでなく、技師専用の高級住宅、あるいは映画館やテニスコートのような娯楽施設や種々の福利厚生施設に至るまで次々と整備されていった。それによりむらの景観が一変したことになる。

この工場は地元からも職員を募った。その仕事は主に伝票整理と帳簿付けの補助だったというが、当時日本の造船業界は、その部品の多くを輸入品に頼っていた。

「私は経理に入ったんですが、茶褐色、ツメえり、厚地の満州型という作業服を着て働いておりました。事務になれるまで五、六年はかかったと思います。輸入した材料が主ですから、請求書から見積書から全部英語でしょ。造船の技術的なことや専門の言葉はチンプンカンプンでわからんのですよ。調べるにもそんな特殊な言葉をのせた辞書なんかないんですわ。とにかく機械の名前覚えるだけでも容易じゃない。あせってあせって勉強したんですが、丸善に本を注文しても手に入るまで一年はかかる時代でしょ。それでもええ本がないか探しまわったんですよ。

尾商《おのしょう》（尾道商業学校）出た私でそうですもん。地元の尋常高等小学校を出た者の苦労は大変ですよ。ほんとにAから始めるんやから。アルファベット覚えることからね。まァのちに事務系統は上の学校を出た者を採るようになりましたが。

上司のKさんは妙な人ですの、ロンドンのレディスファッション、まァべっぴんさんのたくさんのっとる本をどっさりとりよせて食堂に置いたり図書室に置いたり。働きよるのは若い男やから、べっぴんさんがのっとりゃ英語の本でも開けるやろ、開けりゃちっとは横文字も頭に残るやろということですね。英語をよう覚えんような人はやめていきましたが、かといって他に勤め口もないんですよ。」

夕方勤めからもどれば、家では芋と麦を作っているという十代の青年が、英語を必死のおもいで修めつつ伝票をさばくようになっていく、そうしてそれが日本の重工業発展期の最末端でみられていたという光景自体、当時の日本の「近代」の姿をあらわしているようにも思えるのだが、大阪資本の造船所がこの地に移って数年ほどの間に展開した村落景観や身につけるものといった目でみてとれるものから地元の産業構造に至るまでの変化は、その地にすんできた人達にとっては「突然の近代」とでも表現できるほどの衝撃だったであろう。

私が会ったその古老は、むらが一変していった様子をかろうじて知っていた最後の世代の一人にあたった。彼がその変化をふり返った時に印象に残っているのは、なによりもまず技師専用の住宅で見た真っ白なシーツのかけられたベッドと、畑を潰してつくられたテニスコートの広がりであるという。この二点に、変わってゆくとはこうしたものかという彼の感慨が収斂《しゅうれん》されていた。

そうしてその情景の延長線上にこのむらは発展してきた。この土地の人々の多くは、さまざまな形で造船業に関わる形で生計をたてていくようになり、また地元の公立高校には造船科がおかれた。彼にとってひとつの時代の起点とはその二つの情景のなかにある。そんな形で人の中に刻みこまれていく「時代」もある。（なお私がこの話をうかがった頃から、この地はいわゆる造船不況におそわれ、高校の造船科も廃止されたと聞く。）

むら自からが、自からの動きを定めていく度合いの高さを自治能力の高さだとするならば、こうした動きは、当時のむらの自治意識の頭越しに侵入してきた力と言ってよい。むらがもつ想像力からは予想もつかぬ動きがむらびとの前に展開していくことになる。現実の暮らしのなかで「近代国家」に、あるいはそれを生んだ「近代」という時代の息吹きに、一気にそして直截に向きあう経験をもつことになる。それは、むらうちで声をあげればすみずみまで届くと認識されていた世界があり、そのつながりに支えられてきた力が一挙に相対化されていく経験でもある。

村落景観が大きく塗り変えられるように移っていく場合、多くはその背景にはこうした力が働いている。もとより日本全国の村落数からみれば、このように急激で大きな変化を経た村落は少ないかもしれない。けれどもその大きな動きに期待をかけ、塗りかわれば塗りかわるほどに発展したとされる時代がつい最近までつづいてきたことを思えば、この少数例には、日本の「近代」の一面が凝集されているともいえよう。

景観の映り方の変化

制度と慣習

明治維新以降、従来の習俗のなかの少なからぬものが、陋習《ろうしゅう》として黙殺され、あるいは駆逐されていったが、そこに経済的な利害をともなう慣行については、政府も一概にはこれを無視することができず、民法、商法などの作製に際して民間の慣例を調査し参照せざるを得なかった。司法省が明治十三年（一八八〇）に民間に対してその慣例を問いただしてその答申を編んだ記録が「民事慣例類集」や「商事慣例類集」として残されているが、これらはそうした対応の一例であろう。

こうした政府の動きに応じて、民間においても、社会制度の改変によって利害が自分達に関わってくる場合には、慣習をもって新たな法と争うことが多くなっていく。そのために自らが置かれている状況を、従来よりも明確な形で自覚していかざるを得なくなっていった。

また、明治九年以降に行なわれた官民有地区分、地租改正、漁場開放などは人びとの境に対する意識、所有の意味、権利にともなう関係などの世界に新たな認識を加えていった。各地域の事情にもとづいて成立していた多様な慣習が、全国共通に施行されるべく定められた秩序に照らして整理されるため、凍結されてふるいわけられたことになる。多くは生産生活の主要な場でのことだけに、むらびとの立場も切実であった。

権利への認識

このことは全国レベルで村落の人びとの生活を大きな混乱に導き、ある場合には官林払い下げ運動となり、ある場合には漁場あらそいともなった。これらのことは人びとに郷里の意味や慣習の力を再認識させる契機にもなり、また少なからぬ人々を政治運動へと駆りたてることにもなる。各々が背負っている義務のほかに権利が存在し、それは正当に主張すれば通るべきであることを発見するきっかけにもなっていく。時代の中の新旧の不整合が、次には地域の意識を変え、力をもたせていく道を拓くことにもなる。

これまで見なれていた山や道や水路が、違った意味あいをもって目に映るようになっていく。景観そのものの変化とともに景観への認識の変化が、明治期以降の村落景観を考えていく際に重要な問題としてあげられよう。

もとより為政者が定めた法とむらの慣習とのせめぎあいは、それ以前の時代においても数多くみられたことであろう。けれども明治以降にみられる動きは、全国を統一秩序のもとで整備すべく計られた均質化への力と、近代国家へ向けての基盤構築への切実性とを背景にしたものだけに、そこに生じる混乱そのものが時代の性格を語っていたといえる。その混乱は現代においても完全に整理されたとは言えず、制度と慣習が重層的に、あるいはからみあった形として存在している例は少なくない。そこが生産生活の場でありつづけた以上、それもごく当然なことであろう。

そうした意味では、前節でふれた造船所のむらの古老の話は、端的で即物的でしかもむきだしの形で顔をあらわした「近代」のひとつの姿にすぎない。もっと深いところでもっと大きな規模で、一見変わらない景観のなかで変化は起きていた。あの古老の記憶は、表層に凝集した一片にすぎない。

短冊地割りのなかで

新田村の景観

私が学生の頃、自治体史の手本としてしばしばとりあげられたのは、昭和三十四年刊行の『小平《こだいら》町誌』である。この書は小平市内の旧小川村の記述が中心となっている。小川村は、今から三五〇年ほど前に、狭山丘陵の西南のむらにいた小川九郎兵衛が開拓権を得て拓いたむらであり、青梅街道に直交する形で、その両側に間口一〇間から一五間の短冊状の土地割りがなされ、街道沿いには農家が並びその背後に畑がつづく武蔵野の新田の典型的な景観を伝えているところでもある。

この一帯はよく歩きもしたし、しばしばセスナで上空を飛んだ。セスナの窓から見ると短冊状地割りの末端——街道沿いの農家とは対極の側——からしだいに青梅街道に向かっ

図8　武蔵野の短冊状地割り

中央の左から右下にななめに走っている淡いグレーの土地割りには芝生が，その左横の土地割りには蔬菜と植木が，右横の土地割りには主に植木がつくられている．これら三筋の土地割りの両側は宅地化が著しい．これは昭和55年11月撮影のもの．現在はさらに変容しているはずである．

て住宅がたち並んでいっているのがよくわかるのだが、農地にくいこむ住宅の度合いはひとつひとつの短冊地割りごとに異なっている。農地と書いたが、その作付はあるいは蔬菜《そさい》類であり、あるいは芝生であり、あるいは植木であり、これも短冊ごとに一様ではない。こうした個々の差は、そのまま一戸一戸の農家――あるいはかつての農家――の都合や姿勢を反映していよう。

昭和初期頃にこの上空を飛んだとすれば、眼下には一面の桑畑が広がっていたであろうし、さらにまた時を一気に越え今から二五〇年ほど前にもどって眺めたとすれば、この土地割りの中には、おそらく粟、稗、芋、麦、ソバ、陸稲などが作られ、まだ平地林も少なからず見られたはずである。

開墾当初からの土地割りの内側で、家々は作付をかえてゆくことで時代を経てきた。そうしてその土地割りをなぞる形で、現在は宅地化がすすみ住宅地域としての景観に変わろうとしている。

家と経営

それまでの雑穀の畑が一面の桑畑に変わってゆくそのしばらくの間、一戸一戸の農家にはどのような情報が伝わり、それを家ごとにどのような前提のもとに受けとり選択して養蚕農家としての道を踏み出したのだろうか。そうして時がすぎ、今度は桑畑に別の作物を作りわけていくようになった時、これも家ごとのレベルで、なにを手ごたえとしてその道を選びとったのだろうか。

セスナから写したこの地域の写真を見るたびにそんな問いが頭をよぎる。隣の家も向かいの家も蚕にしたからうちも、といった付和雷同的な姿勢や生産共同体的規制のみで変わってゆくほどには家々の事情は均一でもなく、安定してもいなかったと思うからである。――いや、多少抗弁すれば、家ごとの差などはじきとばすほどの勢いをその頃の養蚕がもっていたとしても、まず家ごとの姿勢や事情を知ることからその勢いを理解してみたいように思う。

「男四十《しじゅう》は貧乏の世《よ》ざかり」という言葉が武蔵野にはある。戸主が四十歳の頃には親は亡くなっているか、少なくとも労働力としてはもはやそうあてにはできぬ年齢になっており、子供達もまだ一人前の働き手としては育っておらず、ものいりや手間のかかることが多く、農家として最も経営が苦しい時期であるということを意味している。こうした言葉が膾炙《かいしゃ》しているほどに、家族の構成やその年齢はかつての農家経営を強く規制する条件のひとつになっていた。

効率のよい機械を入れ、その台数を増やせばその生産が二乗倍になるということを、父親の工場の事例として前にふれたが、こうした原理と無縁だったのが農業という生業であろう。かつて一週間を要した田植えが、機械の導入で一日ですむようになったとしても、あたりまえのことだが、そのことで耕地面積や収量が七倍になるわけでもなく、ましてや田植え自体は年に一度しかできないことに変わりはない。農業とはそうした枠組みをまず前提とした営みになる。

仮に八〇の稼ぎがあれば、その農家は食べていけるとしよう。それが七五では赤字が重なる一方であり、八五であれば累積黒字となる。わずかその差は一〇にすぎないのだが、一方は破産への途をたどり、一方は暮らしが安定してゆく。プラスを増やす工夫に限りがあるのならば、マイナスをくいとめるてだてが必要となる。

こうした世界では家族の構成やその総合的な力量――労働力および技能の優劣――が大きな比重を占めることになる。そうしたなかで作付を大きく変えることは、一戸一戸の農家のレベルでは大きな決断や準備を必要としたはずである。新しい道を踏み出す時、家族構成、一人一人の労力や技能、作付可能面積、むらうちでの力関係、そうした「ごくあたりまえの生産的日常」を前提として、何がその先のよりどころとして彼――戸主もしくは個としての家――の視界の中に見えていたのだろうか。

そうしてあらかたの農家が桑を植えると、そこに「養蚕地帯」が成立し、あたかもそれが時の必然であったかのようにふり返られることになる。その動きを、一戸一戸の農家のレベルに分解し、立ちもどり、そこからその農家を動かした未来への手ごたえ、新しい時代への見通しにどこかでふれることができないものか。「養蚕地帯」という形でこの地になされた位置づけは、さまざまな事情を背負ったその個々の家々の価値判断群を貫通している共通項の別の呼称でもあるはずだから。

旧小川村地区の航空写真を見て思うのはそんなとめどもないことである。

これもやはり答えの出ない問いになろう。個の行為を、ことにそのひとつひとつの判断の次元において、そこまで「論理的」に把握できるわけがなく、だからこそ群としての意思や動きが見えた時に、そこを基点として問題を設定するのであろうから。

農事暦の世界

もうひとつだけ、同じ問いを別の形でしるしておきたい。

私と高知県との関わりは、学生時代からだから、もう三〇年近くつづいている。この県で私がはじめて調査らしい調査を行なったのは大学四年の時のことで、大豊《おおとよ》町という山間の町の、さらにその中のひとすじの谷川ぞいのいくつかの集落をひと月余り歩き、三〇人余りの古老に話をうかがい、二〇軒ほどの農家で計三〇〇〇点余りの民具を調査させていただいた。

土佐山中を歩く

すぐそのあとに、ある雑誌にそのデータをもとにしてこの土地の一年間の農事暦《のうじれき》を、それに関わる民具も可能な限り図示して示すという形でまとめる機会を与えられた。この時私は二週間ほどその作業に没頭したのだが、これを企画、編集された方はその仕事場に数日間泊まりこみでこれにかかりきってくださった。

この作業は私にとってはきわめて恵まれたトレーニングの時間だったと思う。自分の頭の中にあって、しかし自分では押し出し得ない発想や表現を気づかせてもらう体験だったのだから。たとえていえば、めいっぱい力を加えて押し出した歯磨きのチューブが、さらに大きく重いローラーをいく度もいく度もかけられて中味をしぼり出されるような思いをしたことになる。表現という世界で、あそこまで自分が追いつめられたことはそれまでになかった。

けれどもその作業中ずっと、自分が探ってゆきたいものを表現するとすれば、これとは違うな、この方向の作業のために自分はむらを歩いたんじゃない、という漠然とした違和感ももちつづけていた。その自分のなかの違和感が何であるかに気づいたのは、この作業がおわってからのことになる。重いローラーという外圧があったからこそ明確に気づかされた自分の中の問題意識だった。

抽象の意味

たしかにひとつの山村にさまざまな稼ぎがあり、それにともなうさまざまな民具があり、それに関する技術がある。けれどもそれらを可能な限りそこに列挙し展開してみてもそれで何が伝わったということになるのだろうか。それは品目を均一的に並べたメニューにすぎないのではないか。

たとえば楮《こうぞ》を植え、刈りとり、蒸して皮をはぎ紙を漉《す》く、たとえば蚕を飼う、たとえば芋や麦を植える、そんなふうに列挙していくことはできよう。けれどもそこで生計をたてている人達は、そのいくつもの稼ぎの中から各々に応じて選びとり、規模を定め、割く労働力の配分を決め、一家の生計を成り立たせている。個々の家々に即して何をどこまでどう選び得て、どう組合わせ得るかという現実の選択行為の中に、その家が選びとった「現在」、またその家を規定する「現在」——たとえばその作付耕地の広さやその遠近や地力、むらうちでの力関係、家族構成、またその家族各々の力量や才覚——が明確に反映されている。その土地の人々の知恵と技は、まず個々の家の経営という現実的な模索、選択行為の中に統合された形で存在する。

その意味からすれば「その土地一般の農事暦」などといったものは現実にはない。もしあるとすれば、それはその地域を構成する個々の家ごとの農事暦と、その中に存在する家ごとの主体的選択とを捨象することによって成るものであろう。ではそこで捨てさられた「家々の個としての意思」はどこで浮上するのだろうか。あるいはどう咀嚼《そしやく》され組みこまれて納まっているというのだろうか。個のレベルにおいての意思決定の場で、最も切実な諸状況やそれにもとづく判断のプロセスを等閑視して成るデータとは何だろうか。個と普遍とを、また普遍とその表現とをこんな回路でつなげていいのだろうか。

その作業がおわって私が感じたことを極論すればそんなふうになる。とはいえ私が希求するそうした方向の表現ができるほどの調査をその時私が行なっていたというわけでは、もちろんない。ある作業を行なうことで、その作業の方向性とは違う自分の問題意識がおぼろげながら見えてきたということにすぎない。

個のなかの時代、個のなかの集団

ふり返ってはじめてみえてくるもの、位置づけられるものがある。ではたしてそうした位置づけがされる以前のそのものの姿をつかむことができるのだろうか。あるいは大きな群れの動きのなかで、はじめて問うことのできる個の意味が存在する。それを群れからはずしたところで見ることができるものだろうか。

私の問いは換言すればそんなふうにもなる。こういうもの言いは本来的に大きな矛盾を含んでいる。今の中年の自分の知恵と分別とをもって中学生のあの日にもどりたい、とでもいったような。

ただ、私の中では、この矛盾は切りすてるものとしてでなく、奇妙な生命力をもったものとして歩き始めた頃から漠然と存在している。ということはどこかで私のフィールド・ワークを支えてきたのだろう。

あるいは結局はもとにもどってこんなふうにも思う。

たとえば言語を媒介とせずに伝えられてきた世界を、たとえば文字に頼ることなくつくりあげられてきた世界を、近代的言語を通して把握しようとした時に芽生えたものが民俗学であるならば、同時にそこには内在する矛盾も生まれ育ってきたことになる。そうした世界に魅かれた者は、そこに矛盾があるとすれば納得ずくでそれを認め、そのことを含めてどう表現し得るのか、その方法を模索する場に行きつくのかもしれない、と。

聞き書きという作業――人の話しを聞きそれをとりまとめる――とはそうした矛盾群の表層に張り、その矛盾を映す皮膜にすぎないのではないか。そこで概念とは定義づけられること以上に、発展し得ることが大切になるように思う。それは「実証」とは何かをたえず問いつづけていくことにつながる、そんな気持ちを強く持つことにもなる。

歩けば歩くほどに。年を経れば経るほどに。

あとがき

あとがきめいた内容も本文中にとけこませるような表現をしてきたため、ことあらためてあとがきもないのだが、多少の補足をしておきたい。

本書の内容はその半ばを、これまで私が書いたいくつかの小論をもとにしている。とはいえ、今回改めて一冊の書物とする目的で、それらを一度解体して組みたて直したために、また全体の分量の半ば近くを新たに加筆したために、当初の構成を含めてそれらはさほど原型をとどめてはいないのだが、一応発表した小論については以下に示しておきたい。

- 「明治時代の村落景観」(『日本村落史講座3　景観II近世・近現代』雄山閣、平成三年所収)
- 「フォークロア」(『学問への誘い——大学で何を学ぶか——』神奈川大学、平成三年所収)
- 「民俗学と地域研究」(『岩波講座日本通史　別巻2　地域史研究の現状と課題』岩波書店、平成六年所収)

・「アワビカギを持って」(『民具マンスリー』第二八巻六号、神奈川大学日本常民文化研究所、平成七年所収)
・「時代と社会のなかの『聞き書き』」(『講座日本の民俗学10　民俗研究の課題』雄山閣、平成十二年所収)
・「時代の足音―フィールド・ノートの余白に―」(『経済史研究』第五号、大阪経済大学日本経済史研究所、平成十三年所収)

これ以外にあとがきとしてつけ加えるとすれば次のいくつかのことになる。

本文中の年号は西暦でなく元号表記にした。これまで私は自分の文章の中では原則として西暦を使ってきたのだが、本書でふれていることに関しては、元号のもつある種のニュアンスや記憶を大切にしたいと思ったからである。

それから「語る」と「話す」の二語を厳密に使いわけてはいない。五八ページに引用した宮本常一の文章にみるように、一般的には「語る」の方が、ある深みや豊かさをもつものとして使われているように思うのだが、自分の体験をふり返って述べてみると、明確な線引きができなかったからである。そのため粗い感覚のもとで使いわけをしている。また、文中にしばしば登場する古老という言葉も、そう明確な概念として使っているわけではない。「むらのことならあのじいちゃんに聞きな」という言葉で紹介される年長者の総称にすぎず、「いわゆる古老」になる。本書で古老論を展開するつもりはなかったので「いわゆる」付きの概念で通している。

本文中の敬称も統一されていない。あくまでその文章を書く時の自分の気持ちに従った。特に宮本常一については敬称をおとしている。宮本先生、というのが私にとってはもっともなじんで自然な言い方になるのだが、しかし同時に彼は私がある緊張感をもって対峙する人物だからでもあり、その気持ちを出しておきたかった。宮本常一という人は、人や人の集団の持つ暗さやつらさを熟知しつつも、それを楽観的と言えるほどの明るさで包みこんで肯定し前を見つめていた人だった。本書を読まれた方が、このなかにまずフィールド・ワーカーのエゴイズムを感じられたのなら、それは私の、人の生を肯定し切る力が脆弱なためであろう。表現力以前の問題として。

学生時代にお世話になった竹内啓一先生についても敬称を省いている。文の流れからそのほうが礼にかなうと思ったからであり、逆に旅先でお世話になった人たちは「氏」でなく「さん」をつけている。これも自然な気持ちに従った。

本書は一貫して日本語を母国語として育った者が日本語を話す人に行なう聞き書きの論ということを前提にしている。言語を異にする場合の聞き書きには、また本書で述べたこととは違った問題点がさまざまに存在していよう。とはいえ、これまでくり返し言われてきたことや、ごく基本的なことを書きつらねたのかもしれないという不安ももっている。もし拙稿が多少なりともその存在を許されるとするならば、それはフィールドでの切実さを前提に書いた点に尽きるように思う。

本書では時折私の父親についてふれている。きびしい時代を生きぬき、晩年アルツハイマーで家族を振りまわし二年前亡くなった彼とは、一度も同じ高さの地平で話すことはなかった。これで少しは供養になったのだろうか。

歩き、話を聞き、とりまとめていく、今後もそうした時間のなかですごしていくことになるのだろう。そうした人間にとって聞き書き自体についての能書きめいたもの言いは、数多くすることはないと思うが、どこかではしておくべきだと考えていた。

そんな場が与えられたことに感謝したい。吉川弘文館から本書についてのお話があったのは、五年以上前のことになる。辛抱強く原稿を待って下さった編集部に御礼と御詫びを申しあげなければならない。

また、校正の段階で笹井美緒さんと香月孝史の手をわずらわせた。末筆になったが、このことも御礼とともに書き添えておきたい。

二〇〇二年初夏、五島に発つ日を控えて

香月洋一郎

引用・参考文献

本書は、本文中に多くの方々の文章を、私の問題意識に沿う形で引用している。そのため「注」というほど改まった形をとらないにしても、引用した参考文献についてふれておくのが義務と思われる。

世代の体験

・冒頭の中沢けいの文章は、平成十三年に青土社から刊行された『人生の細部』のなかの一節になる。

〔沈黙という語り〕

・大岡昇平の『俘虜記』の一節は新潮文庫（新潮社、昭和四十二年）からのものによる。

〔頑なさと乾き〕

・「ロボット三等兵」は、昭和三十年から同三十二年にかけて貸本漫画として寿書房から全一一巻が刊行され、また昭和三十三年六月から同三十七年十二月まで『月刊少年クラブ』に連載されていた。昭和四十年代半ばに虫プロ商事から再刊、また平成七〜九年にかけてアース出版局から全三巻に再編集されて刊行された。私の手元にあるのは虫プロ商事からのものの一冊と、アース出版局からのものになるのだが、これらの解説や奥付によると、前谷惟光は大正六年東京生まれ。昭和十四年に北中国戦線に、同十八年ビルマ戦線に従軍、同二十一年に復員している。

・父親の体験記とは、昭和三十一年二月号の『文芸春秋』に掲載された「わが戦時逃亡罪」で、和田洋佐というペンネームで発表されている。

〔彼らはどこへ行ったのか〕

・高橋三郎著『「戦記もの」を読む　戦後体験と戦後日本社会』は昭和六十三年にホミネース叢書の一冊としてアカデミア出版会より刊行。

・四方田犬彦著『狼が来るぞ！』は平成十一年に平凡社から刊行。この引用文中の「紫電改のタカ」は、よく知られているちばてつやの漫画であり、『加藤隼戦闘隊』については私の記憶がはっきりしない。また全六巻の『太平洋戦史』とは昭和四十四年に偕成社から刊行されていたものだと思う。その構成、各巻のタイトルは、「1　燃える真珠湾」（高村暢児）、「2　空の王者・ゼロ戦」（高城肇）、「3　山本五十六と連合艦隊」（秋永芳郎）、「4　神風特攻隊の出撃」（高木俊朗）、「5　戦艦大和のさいご」（棟田博）、「6　ヒロシマの原子雲」（高城肇）となっており、こう並べて書いてみても当時のある空気がうかがえる。

〔戦争映画というフォークロア〕

・『坂井三郎空戦記録』上下二巻は、昭和二十八年に出版協同社から刊行されており、その後いく度か出版社をかえ刊行され続けている。最近では平成五年に講談社の＋α文庫として刊行されている。坂井三郎は平成十二年に亡くなったが、その晩年までいく冊もの体験記録の執筆刊行を続け、その内容は晩年のものになるほど、御自身の記録から、それをもとにしての当時あるいは現代の日本社会への分析、批判へと変わってきたように思う。

・いわゆる海軍ものの映画で、ミッドウェー海戦がひとつのクライマックスとして描かれているのは、私が知る限りでは、昭和二十八年『太平洋の鷲』（東宝）、同三十一年『軍神山本元帥と連合艦隊』（新東宝）、同三十五年『ハワイ・ミッドウェイ大海空戦　太平洋の嵐』（東宝）、同四十一年『あゝ海軍』（大映）、同四十三年『連合艦隊司令長官　山本五十六』（東宝）、同五十六年『連合艦隊』（東宝）があげられる。もっともこれらの中には前作の同じ画面の同じフィルムをつかいまわしをして構成しているものもある。

・引用したミッドウェー海戦のゲームブックとは『スーパーシミュレーション・ミッドウェー大空海戦』（作・鈴木巌　絵・相川修一、新星出版社、昭和六十年）を指す。

・吉田満、尾川正二、石原吉郎三氏の著作とは、各々『戦艦大和ノ最期』、『極限のなかの人間――極楽鳥の島――』（創文社、昭和四十四年）、『望郷と海』（筑摩書房、昭和四十七年）を指している。『戦艦大和ノ最期』は私が子供の頃に父親の本棚にあったことを記憶しているが、私がはじめて読んだのは、原文のかたかながひらがな表記となり、タイトルも『戦艦大和』とされて昭和四十三年に角川文庫から刊行されていたものになる。この記録はいくつかの出版社から刊行されているが、そうしたことについては、『吉田満著作集　上巻』（文芸春秋社、昭和六十一年刊）参照のこと。また、尾川正二著『極限のなかの人間――極楽鳥の島――』は平成十年に『死の島　ニューギニア』と書名をかえ光人社から文庫で刊行。また石原吉郎『望郷と海』も平成二年に筑摩書房より同名で同社から文庫として刊行されている。

時代と社会のなかの聞き書き

・冒頭の竹内啓一の文章は、昭和六十一年に古今書院から刊行された『地理学を学ぶ』（竹内啓一・正井泰夫編）のなかの竹内の「あとがき」からの一節になる。

〔記憶とは何か〕

・水沢謙一の文章は『昔話を追って』（新潟新報事業社、昭和五十四年）からの引用。

〔「叙述」と「説明」〕

・この章における宮本常一の文章は、『日本の民俗11　民俗学のすすめ』（池田弥三郎・宮本常一・和歌森太郎編著、河出書房新社、昭和四十年）及び『宮本常一著作集別巻2　民話とことわざ』（未来社、昭和五十八年）からのものによる。なお前者は全一一巻のシリーズであり、のちに版をかえて再刊されている。

・文中にある愛媛県東宇和郡城川町魚成の岡田彦一さんについて私は『空からのフォークロア　フライト・ノート抄』（筑摩書房、昭和六十四年）と、「技をもつ人々の旅」（宮田登編『ものがたり日本列島に生きた人たち8　民具と民俗上』岩波書店、平成十三年所収）でふれている。

〔現場での模索〕

・「相性のよい人」というのは『あなたもお年寄りから聞いてみては』という小冊子のなかの一項なのだが、これは『村とくらしⅢ』（農林省農蚕園芸局普及部生活改善課編、社団法人農山漁家生活改善研究会刊、昭和五十一年）の付録になる。昭和四十年代後半から、全国の生活改善普及委員が各々の担当地区のお年寄りの聞き書きを始めており、そのとりまとめたものを『村とくらし』という報告書で刊行していた。宮本常一がその指導にあたっていた。宮本からの伝聞では、この小冊子は、彼と米山俊直、石毛直道の三氏で作成したものだという。

・高取正男の文は『民俗のこころ』（朝日新聞社、昭和四十七年）からのもの。なお同書は昭和五十七年に法蔵館から刊行された『高取正男著作集3　民俗のこころ』に収められている。

私にとっての聞き書き

・冒頭のアレクシス・コーナーの言葉は、『キース・リチャーズ　彼こそローリング・ストーンズ』（バーバラ・シャノン、中江昌彦・野間けい子訳、ソニーマガジンズ、昭和五十七年。原書名は *Keith Richards, life as a Rolling Stone*）より。アレクシス・コーナー（一九二八―八四）はイギリスを中心に活動したミュージシャン。一九四〇年にロンドンに移り五〇年代半ばからブルースに本格的にとりくみ「ブリティッシュブルースの父」と称されている。七〇年代半ばまで精力的に活動した。

〔二つの世界〕

・『きけわだつみのこえ』は昭和二十四年東大協同組合出版部から刊行され、のちに他の出版社からも刊行されたが、平成七年、岩波書店から岩波文庫の一冊として『新版　きけわだつみのこえ』として刊行された。この書をめぐる様々ないきさつや日本戦没学生記念会については同書の解説を参照のこと。

・阿波根昌鴻には岩波新書から『米軍と農民』（昭和四十八年）、『命こそ宝　沖縄反戦の心』（平成四年）などの著書がある。平成十四年に百一歳で死去された。

・『宮本常一著作集第二巻　日本の中央と地方』は昭和四十二年、未来社刊。

・本文で引用した小池和男の書は、『聞きとりの作法』（東洋経済新報社、平成十二年）。なお『もの造りの技能　自動車産業の職場で』は小池と中馬宏之、太田聡一との共著で平成十三年東洋経済新報社刊。
・本節での引用拙文は『空からのフォークロア　フライト・ノート抄』（前掲）による。また永野茂友さんに関わるむらの民俗誌とは『山に棲む　民俗誌序章』（未来社、平成七年）を指す。
・郷田洋文、井之口章次による「日本民俗調査要項」は、『日本民俗学大系13　日本民俗学の調査方法文献目録・総索引』（平凡社、昭和三十五年）所収のもの。

〔自治体史作成の現場で〕

・ここでふれている映画とは『バトル・ロワイヤル』（平成十二年封切り、東映）を指す。このラストシーンは、時代と主人公の年代設定をずらせば阿川弘之『暗い波濤』（新潮社、昭和四十九年）のおわりの部分に通じる性格をもっている。
・岡本喜八の言葉は、「体験的戦争映画・試論」（『講座日本の映画5　戦後映画の展開』（岩波書店、昭和六十二年）所収のもの。また昭和三十四年封切りの映画とは『独立愚連隊』（東宝）である。

語ること・記録すること

・冒頭のロシアの諺は、本文で述べたようになにかの書物で見かけ、メモしておいたのだが、申し訳ないことにその書物名は失念。

〔日常言葉の専門用語〕

・大西伍一は、明治三十一年兵庫県生まれ。昭和八年に『日本老農伝』の著書がある。同年、大日本連合青年団郷土資料陳列所主任、およびアチック・ミューゼアムの研究員となる。進藤さんの言によれば、青年団の雑誌に進藤さんが投稿したことをきっかけとして交遊が始まったという。

・進藤松司『安芸三津漁民手記』は昭和十二年に「アチック・ミューゼアム彙報第一三」として刊行。同書は昭和三十五年に写真や図を省略する形で角川書店から再刊。また昭和四十八年に三一書房から刊行された『日本常民生活資料叢書　第二一巻』に収録されている。その後の記録をとりまとめたものとは、『神奈川大学日本常民文化叢書3　瀬戸内海西部の海と暮らし』（平凡社、平成六年）を指す。またその中間報告の聞き書きとは、神奈川大学日本常民文化研究所の紀要『歴史と民俗』の3と4（各々昭和六十三、六十四年、平凡社）収録のものを指している。

・拵嘉一郎の記録は、昭和十三年に「アチック・ミューゼアム彙報第二八」として刊行された『喜界島調査報告1　喜界島農家食事日誌』を指す。平成二年刊の『喜界島風土記』は神奈川大学日本常民文化叢書1として平凡社より刊行。

・吉田三郎の記録は「アチック・ミューゼアム彙報」の四と一六で各々『男鹿寒風山麓農民手記』（昭和七年）、『男鹿寒風山麓農民日録』（昭和十三年）。なお『もの言う百姓』は昭和三十八年に慶友社刊。同書のタイトルは岩波新書から昭和三十三年に刊行された大牟羅良の『ものいわぬ農民』を意識したものであろう。

〔雑談の中の勢い〕

・この節で示した雑談は「アワビカギを持って」（『民具マンスリー』第二八巻六号、神奈川大学日本常民文化研究所、平成七年）所収および『山に棲む　民俗誌序章』（前掲）のなかの文章に一部手を加えたものになる。

・田の水路調査に関しては『景観のなかの暮らし　生産領域の民俗』（未来社、昭和五十八年、改訂新版として平成十二年刊）参照。

〔ある聞き書きの記録から〕

・「土佐源氏」（宮本常一『忘れられた日本人』未来社、昭和三十五年。昭和五十九年に岩波文庫から刊）。

・山田一郎『土佐うみやまの書《ふみ》』（高知新聞社、平成四年）。なお、「土佐源氏」のこうした問題については、毛利甚八『宮本常一を歩く　日本の辺境を旅する』下巻（小学館、平成十年）においてもふれられている。

・ある神話学者とは、エドマンド・リーチのことで、この内容表現は『聖書の構造分析』（鈴木聡訳によるという。私自身はこの表現を西郷信綱『古典の影　学問の危機について』（平凡社、平成七年、なお初刊は未来社から昭和五十四年刊）によって知った。私はE・リーチの前掲書を持っていないのだが、最近入手した彼の『神話としての創世記』（江河徹訳、筑摩書房、平成十四年）の中で同様の表現に出あった。

・村崎修二の活動記録については『猿曳き参上　村崎修二と安登夢の旅』（香月洋一郎・佐藤佳子、平凡社、平成三年）。

フィールド・ノートの余白に

・冒頭のアル・ローズの言葉は *I Remember Jazz Six Decades Among the Great Jazzmen*（Louisiana State Univ. Press, 1986）の Louis Armstrong の項から。私はこの書とこのフレーズを『キース・リチャーズ　オレはここにいる』（スタンレー・ブース、平田良子訳、音楽之友社、平成八年。原書名は *KEITH Standing in the Shadows*）の訳書から知った。日本文の表現はその訳書のものになる。

〔景観の映り方の変化〕

・『全国民事慣例類集』（風早八十二解題、日本評論社、昭和十九年）、『民事慣例類集』（手塚豊・利光三津夫編、慶応義塾大学法学研究会叢書24、昭和四十四年）。

著者紹介
一九四九年、福岡県に生まれる
一九七二年、一橋大学社会学部卒業
現在、神奈川大学経済学部教授・日本常民文化研究所所員
主要著書
景観のなかの暮らし—生産領域の民俗　山に棲む—民俗誌序章　空からのフォークロア—フライト・ノート抄　猿曳き参上—村崎修二と安登夢の旅〈共著〉

歴史文化ライブラリー
145

記憶すること・記録すること
聞き書き論ノート

二〇〇二年(平成十四)十月一日　第一刷発行

著　者　香《か》月《つき》洋《よう》一《いち》郎《ろう》

発行者　林　英男

発行所　株式会社　吉川弘文館
東京都文京区本郷七丁目二番八号
郵便番号一一三—〇〇三三
電話〇三—三八一三—九一五一〈代表〉
振替口座〇〇一〇〇—五—二四四

印刷＝平文社　製本＝ナショナル製本
装幀＝山崎　登

歴史文化ライブラリー

1996.10

刊行のことば

現今の日本および国際社会は、さまざまな面で大変動の時代を迎えておりますが、近づきつつある二十一世紀は人類史の到達点として、物質的な繁栄のみならず文化や自然・社会環境を謳歌できる平和な社会でなければなりません。しかしながら高度成長・技術革新にともなう急激な変貌は「自己本位な刹那主義」の風潮を生みだし、先人が築いてきた歴史や文化に学ぶ余裕もなく、いまだ明るい人類の将来が展望できていないようにも見えます。このような状況を踏まえ、よりよい二十一世紀社会を築くために、人類誕生から現在に至る「人類の遺産・教訓」としてのあらゆる分野の歴史と文化を「歴史文化ライブラリー」として刊行することといたしました。

小社は、安政四年(一八五七)の創業以来、一貫して歴史学を中心とした専門出版社として書籍を刊行しつづけてまいりました。その経験を生かし、学問成果にもとづいた本叢書を刊行し社会的要請に応えて行きたいと考えております。

現代は、マスメディアが発達した高度情報化社会といわれますが、私どもはあくまでも活字を主体とした出版こそ、ものの本質を考える基礎と信じ、本叢書をとおして社会に訴えてまいりたいと思います。これから生まれでる一冊一冊が、それぞれの読者を知的冒険の旅へと誘い、希望に満ちた人類の未来を構築する糧となれば幸いです。

吉川弘文館

〈オンデマンド版〉
記憶すること・記録すること
聞き書き論ノート

On Demand
歴史文化ライブラリー
145

2021年（令和3）10月1日　発行

著　者　香《か》月《つき》洋《よう》一《いち》郎《ろう》
発行者　吉川道郎
発行所　株式会社　吉川弘文館
〒113-0033　東京都文京区本郷7丁目2番8号
TEL　03-3813-9151〈代表〉
URL　http://www.yoshikawa-k.co.jp/

印刷・製本　大日本印刷株式会社
装　幀　清水良洋・宮崎萌美

香月洋一郎（1949～）

ISBN978-4-642-75545-0